東京23区の新築マンションで
利回り8%を超える!

『最強物件企画』の進め方

塩田寿弘 著

セルバ出版

最強物件企画事例①: 駒沢マンション

物件概要

東京都世田谷区上馬
東急田園都市線 駒沢大学駅 徒歩6分
三軒茶屋駅 徒歩14分
2016年3月新築、壁式RC 5F建て
ワンルーム 13戸（19㎡～21㎡）

総事業費

土地代：5,980万円（230万円/坪、77万円/1種単価）
建築費：9,000万円（95万円/施工床）
その他：720万円
計：15,700万円

インカムゲイン

満室賃料：115万円/月
利回り：8.8%
空室率：2%、経費率：17%、返済比率：45%
税引前CF：42万円/月（CF率：3.2%）

キャピタルゲイン（想定）

5年間保有して2021年3月に売却した場合
5年後の満室家賃：1,340万円（3%下落）
売却金額：24,363万円（利回り：5.5%で売却）
残債：12,937万円
売却益（CFベース）：11,426万円
※仲介手数料、法人税等は除く

最強物件企画事例①：駒沢マンション

最強物件企画事例②:　田園調布マンション（売却済み）

物件概要

東京都大田区田園調布
東急東横線　多摩川駅 徒歩8分
東急池上線　雪谷大塚駅 徒歩9分
2009年10新築、重量鉄骨3F建て
1K 6戸（24㎡～27㎡）

総事業費

土地代:3,670万円（148万円/坪、61万円/1種単価）
建築費:4,000万円（73万円/施工床）
その他:150万円
計:7,820万円

インカムゲイン

満室家賃:58万円/月
利回り:8.9%
空室率:2%、経費率:14%、返済比率:47%
税引前CF:22万円/月（CF率:3.3%）

キャピタルゲイン

2015年1月売却済み（5年3ヶ月間保有）
売却金額:10,600万円（利回り:5.9%で売却）
残債:6,175万円
売却益（CFベース）:4,425万円
※仲介手数料、法人税等は除く

最強物件企画事例②：田園調布マンション（売却済み）

最強物件企画事例③: 山谷マンション(売却済み)

物件概要

東京都台東区日本堤
日比谷線/JR常磐線/つくばEX 南千住駅 徒歩9分
2016年6月新築、重量鉄骨9F建て
ワンルーム 7戸(26㎡)、1DK 7戸(28㎡)
2LDK 2戸(60㎡)

総事業費

土地代:4,500万円(150万円/坪、30万円/1種単価)
建築費:15,000万円(75万円/施工床)
その他:300万円
計:19,800万円

インカムゲイン

満室家賃:142万円/月
利回り:8.6%
空室率:3%、経費率:15%、返済比率:48%
税引前CF:48万円/月(CF率:2.9%)

キャピタルゲイン

2018年4月売却済み(1年10ヶ月間保有)
売却金額:26,500万円(利回り:6.4%で売却)
残債:18,500万円
売却益(CFベース):8,000万円
※仲介手数料、法人税等は除く

※インカム、キャピタル等含め、**トータル1億円の儲け**を達成!

最強物件企画事例③：　山谷マンション（売却済み）

最強物件企画事例④：南千住マンション

物件サマリ　※こちらはコンサル案件です。

東京都荒川区南千住
日比谷線/JR常磐線/つくばEX　南千住駅 徒歩5分
2018年3月新築、重量鉄骨8F建て
ワンルーム 14戸（20㎡）
SOHO事務所 1戸（25㎡）
総事業費：1億8300万円
利回り：8.0%

はじめに

◇規模の拡大ばかり追うな！　資産の質を高めながら、長期安定的な財務基盤を構築しよう！

　昨今、サラリーマンを中心に副業としての不動産投資がかなり活発に行われています。特にアベノミクスの柱の1つである異次元の金融緩和政策により、不動産に対する融資が極めて緩かった昨年中頃までは、一大ブームを巻き起こしていたようにさえ感じます。

　これまでも不動産投資ブームは何度かありましたが、今回のブームの特徴は、なんといっても融資の緩さを利用して一気に投資総額10億円を超える、いわゆるメガ大家を多数輩出した点にあったように思われます。

　実際に取得した物件が長期に保有しても、あるいはいつ売却したとしても大きな利益を生む、本当の意味で資産であったならば、いくらでも拡大していけばよいでしょう。

　しかし、地方物件も含め不動産価格が極めて高い水準に留まっていた近年の不動産市況において、本当にそんな良質な資産ばかりを短期で買い進めることができたのか、私はとても懐疑的に感じています。融資がつく物件＝良い物件では決してないからです。

　不動産投資は、億単位にもおよぶ巨額の金額が動きますので、1つの失敗が命取りになりかねません。そのため、資産規模の拡大以上に資産の質の向上に努めるべきというのが私の考えです。歩みは遅くとも資産の質を高めながら、長期安定的な財務基盤を築く、それが不動産投資を安全に進めていく上でとても重要なことだと考えています。

◇本書の特長

本書の特長の第一は、安全確実な「最強物件」の追求に特化している点です。すなわち、

① 東京23区
② 新築
③ 1棟マンション
④ 利回り8％超

の物件を保有することで、投資リスクを最小限に抑えることに主眼を置いています。

「新築」といえば、通常は「アパート」、それも土地値の安い「地方」での投資法が一般的です。本書では、人気が集中するがゆえ最も利回り相場の低い東京23区に絞って、利回り8％超の新築マンションを創り出すことが、数千万円～億円単位の利益をもたらすことを詳述しています。

第二に、新築投資に関する書籍は、実は企画から管理までワンストップで請け負う不動産業者が出版しているケースが多いです。その目的は、自社の物件の優位性を遡求して顧客を獲得すること

にあるため、新築企画の具体的な進め方についてはあまり多くは語られていないように見受けられます。

本書は、一般投資家である筆者が、自ら企画して東京23区内に利回り8％を超える新築1棟マンションをどのように創り出したのか、その企画段階にフォーカスして、具体的な進め方、ノウハウ、検討ポイント等を詳述している点が大きな特長となっています。

是非、読者のみなさまには、「最強物件企画」の優位性のみならず、自ら実践する際の具体的な進め方を理解いただきたいと考えています。そして1人でも多くの方に量より質を重視した安全資産を築いて、長期安定的な財務基盤を実現していただきたいと願っています。

平成30年7月

塩田　寿弘

東京23区の新築マンションで利回り8％を超える！
『最強物件企画』の進め方　目次

第2章　最強物件企画の進め方の全体像を把握する

第3章　机上調査が最大の肝！

第4章 現地調査を行って机上調査結果を補完する

第5章　物件コンセプトの適否がその後の賃貸経営に大きな影響を及ぼす

第6章　事業計画書として最終化する！

第7章　長期安定的な財務基盤を築く投資戦略

おわりに

第1章

なぜ『最強物件企画』なのか

1　最強物件とはどのような物件か

「最強物件」と言えるための要件とは

「はじめに」でも書きましたが、本書のタイトルでもある「最強物件」とは一体どんな物件か？

私は、次の4要件を備えた物件を不動産投資における最強物件と考えています。

① 東京23区内であること。
② 新築物件であること。
③ マンション（RCないし重量鉄骨造）であること。
④ 利回り8％超であること。

この4要件をみて、多くの方は思われたことでしょう。そんな物件あるわけない、と。

そのとおりです。もし、不動産業者さんにこんな物件探していますと言って、この4要件を突き付けたならば、笑い飛ばされるか、説教を受けてしまうことでしょう。

少なくとも私が不動産投資を始めた10年前からこれまで、この4要件を満たすような物件を楽待や健美家のような収益物件専門の検索サイトで見たことはありません。おそらく今後もこの水準の物件が普通に不動産流通市場に現れることはないでしょう。

こんな要件を揃えたハイスペックな物件など通常はあり得ないため、私は「最強物件」と呼んでいます。

最強物件は探すのではなく、自ら企画して創り出すもの

最強物件はいかに不動産業者さんと懇意になって、優良物件を紹介してもらえる関係性が築けたとしても、存在しないものを紹介してもらうことは不可能です。これを現実のものとする唯一の方法は、「自ら企画して創り出す」ことです。すなわち、投資家自らが土地を仕入れ、設計・建築会社を選定して、利回り８％を実現する投資案件を企画するのです。

本章の以下の節では、前述した４要件のもつ意味、優位性について、詳述していきます。この内容を把握すれば、なぜ４要件を満たす物件が「最強物件」と呼ぶに相応しいかをご理解いただけることと思います。

2　【利回り】最強物件がもたらす経済的インパクトとは

東京23区で8％の新築マンションを建てると、数千万円単位のキャピタルゲインが期待できる！

利回り８％と聞いて、大して儲からないのではないかと思われた方も多いのではないでしょうか？　しかし、単なる利回り８％の物件ではなく、それが東京23区の新築マンションだったなら、その経済的インパクトは数千万円〜億円単位にも及ぶのです。

現状、東京23区内の新築マンションの利回り相場は、およそ5～6％程度です。特に人気のある都心エリアや城南エリアに限ってみれば、4％台で売買されるケースも少なくありません。

仮に、利回り8％で23区内に新築マンションを総事業費1億円で建築したとします。

これを竣工してすぐに利回り5％で売却したとすると、それだけで6000万円のキャピタルゲインが得られる計算となります。次に計算式を示します（単純化のため、ここでは仲介手数料、税金等は考慮していない）。

1億円×8％＝800万円…利回り8％の物件を1億円で新築した際の家賃収入
800万円÷5％＝1億6000万円…家賃収入をベースに相場5％で還元した際の売却金額
1億6000万円－1億円＝6000万円…竣工後、即売却したときの売却益（税引前CF）

換言すれば、通常の相場では、1億6000万円で取引されるはずの物件をわずか1億円で入手できた（3～4割も安く物件を購入できた）ということです。そのため、建物が完成した瞬間、本来の市場価格との差分である6000万円もの利益を生み出す可能性（含み益）があるのです。

台東区の山谷マンションでは、8000万円のキャピタルゲインを実現！

これは、単なる絵にかいた餅ではありません。実際、私が2016年6月に新築した台東区の一棟マンションは、総事業費1億９８００万円で利回り8・6％という（相場と比較して）高利回りを実現しましたが、直近の２０１８年4月に2年間弱保有して売却しました。

最近の金融引締めの影響もあり、当初期待していた水準（売却利回り：６％、売却金額：２億８０００万円）には達しませんでしたが、それでも6・4％、２億６５００万円で売却することができました。残債が1億８５００万円でしたので、キャピタルゲインは約８０００万円にものぼります。また、これ以外にも2年分のインカムゲインと消費税還付金まで含めれば、わずか3年程度（建築期間含む）で、約1億円の儲けをもたらしてくれたことになります。

利回り８％超程度の物件であったとしても、他の３要件をも満たす「最強物件」であるなら、一物件でもこんなケタ違いの儲けを短期に生み出すことができるのです。

3　【東京】実は利回り相場が最も低い東京23区が一番儲かる

東京23区の利回り相場は、他のエリアと比べて極端に低い

前節では、利回り８％の新築マンションがもたらす経済的インパクトについてお話しましたが、これは東京23区だからこそ実現できる数字です。

まずは図表１－３①に示した、主要都道府県別の利回り相場をご覧ください。これを見てあなたはどう感じたでしょうか？

通常はインカムゲインとしてのキャッシュフローが出るかという観点でみると思いますので、「首都圏、特に東京は利回りが低すぎて、儲からないのではないか？　やはり、投資するなら利回りが高くキャッシュフローが出そうな地方を狙うべきだ」と感じられたのではないでしょうか？

利回り相場が低いほど、キャピタルゲインは大きくなる

しかし、これをキャピタルゲインの観点から見直してみると、状況は一変します。つまり利回り相場とはその利回りで売買されていることをも意味していますので、売り側から見れば、その利回りで売却できる可能性が高いということです。

売買価格の算出方法には様々な手法が考えられますが、実際の収益不動産の売買取引においては、現状家賃を利回り相場で還元する（割り返す）形で求められることが多いです。そのため、実は利回り相場が低ければ低いほど売却金額は大きくなるのです。

また、図表1‐3①には、仮に1億円で8％の利回りで新築したマンションを首都圏の各県の利回り相場で売却した際の売却益を示しています。東京の次に利回り相場の低い神奈川県でさえ、売却益は1428万円と東京の3559万円と比較すると2000万円以上も少ないのです。

この利回り相場は、新築時のものではなく中古も含めたすべての物件の平均値ですので、新築時はもっと低い水準で売却される可能性が高いです。また、単純化のため、仲介手数料や税金などは一切考慮していませんので、正確な売却益を示したものではありませんが、利回り相場が低いほど、

〔図表1-3①：　全国の利回り相場〕

出典:「見える！賃貸経営」

都道府県	一棟アパート	一棟マンション
北海道	11.4%	8.4%
宮城県	11.8%	8.1%
千葉県	8.6%	8.1%
埼玉県	8.3%	7.3%
東京都	6.5%	5.9%
神奈川県	7.7%	7.0%
愛知県	7.2%	7.8%
京都府	8.8%	8.3%
大阪府	9.5%	8.5%
兵庫県	9.1%	7.8%
広島県	9.1%	10.1%
福岡県	8.0%	7.3%

仮に、
投資総額:1億円、利回り:8%
で新築マンションを企画・建築した場合

期待されるキャピタルゲインは

＜埼玉県＞
1億円×8%÷7.3%－1億円=959万円

＜神奈川県＞
1億円×8%÷7.0%－1億円=1,428万円

＜東京都＞
1億円×8%÷5.9%－1億円=3,559万円

つまりGAPが大きいほど、売却益が大きくなり儲かる可能性が高い、と言えるのです。

4 【東京】利回りが低いにも関わらず、なぜ東京の物件は買われるのか

では、なぜそんなに利回りが低いにもかかわらず、都内、特に東京23区内の物件は買われるのでしょうか?

それは、東京にはキャッシュフローだけを目的としない多種多様な投資家が広く集まってくるからです。

相続税対策として非常に有効な手段となるため

キャッシュフロー以外の投資目的の1つは、なんといっても「相続税対策」です。もし現預金のまま遺族が相続した場合、その現預金の金額がそのまま相続財産評価額となってしまいます。しかし、その現預金をアパート・マンションに投資して、収益不動産として相続した場合は、大幅に相続財産の評価額を減額させることができます。

たとえば、銀行に預けた1億円は、そのまま1億円と評価されます。ところが、時価5000万円の土地を購入すると路線価の4000万円で評価され、その土地にアパート・マンションを建築するとさらに20%の減額で、3200万円まで土地の評価額が下がります。

また、建物部分は、残りの5000万円で建築したとすると、固定資産税評価額の3000万円で評価された上、これを貸し付けると30％の減額で、2100万円になります。

結局、当初の1億円から約半分の5300万円まで評価を下げることができます。そして、相続税は累進課税ですから、支払う税金は半分よりもさらにずっと低い水準に抑えられるのです。

実は、私が2015年に売却した田園調布の物件は当初6％（1億5000万円）の水準で売り出していたのですが、ある不動産業者が5・9％（1億6000万円）まで買い上がって購入してくれました。当時は売出価格以上で売却できたことを喜んでいましたが、その数か月後、5％（1億2600万円）で転売されてしまいました。

正直、私のようなキャッシュフローの獲得を主たる目的としている投資家にとって、いくら人気のあるエリアだと言っても6％を下回る水準で買う人がいるなど当時は想定できませんでした。しかし、相続税を軽減することを目的とする人にとっては、持ってこいの物件だったのです。しかも低利回りと言っても銀行に預けているよりは比較にならないほど高い水準の利子（利回り）が実現するわけですから、こうした人にとってみれば極めて経済合理性にかなった行為だったのです。

外国人投資家の存在

東京の物件を求めているのは、なにも日本国内の人だけではありません。特に中華圏の人にとって東京の不動産は極めて魅力的に映るようです。

図表1－3①で見たように東京の利回り相場は、5・9％という他の道府県からみれば非常に低い水準です。しかし、上海、香港、台湾、シンガポールの利回り相場は、2～3％程度で、なんと東京の半分以下です。

さらに中国では個人の所有権は認められませんので、安全で成熟した大都市である東京の、しかも所有権付きの不動産が、中華圏の都市より2倍以上の利回り水準で購入できるとなれば、買い意識が高まるのはむしろ当然といえるでしょう。

資産保全を重視する投資家もいる

さらに、目の前のキャッシュフローよりも、自身の金融資産を安全に運用する手段として東京の不動産に興味を寄せる投資家達も存在します。

彼らは、特に今お金には困っておらず、むしろ十分な金融資産を保有しているものの、将来の資金需要に備え、長期に渡ってその資産を安全に保全していきたいと考えています。そのため、利回りには特別大きな関心はないものの、できるだけ値下がりリスクの低い一等地で、新しくて長期保有が可能な物件を選好します。

私が建築した最強物件の1つである駒沢マンションが完成して半年後、隣の敷地に新築建売業者が建てた同程度のマンションは、なんと4・5％の利回りで販売されていました。このような物件を買う人は、まさに資産保全を主たる目的とする人が多いのではないかと思われます。正直4・5％

だと相当な自己資金を入れない限り、十分なキャッシュフローは得られないはずです。

しかし、現在一定の資金を持っていて、それを将来に確実に繋げることが第一義にあるのであれば、こうした物件を購入することもその人にとっては十分に経済合理性のある行為だと考えられます。

このように、東京には単にキャッシュフロー目的ではない多種多様な投資家が世界中から集まってくるため、一般には低くすぎると感じられる利回り水準であったとしても、とどまることのない買いニーズがあるのです。

5 【利回り】８％の利回りでも十分なインカムゲインが得られるわけ

不動産投資の至上命題は、インカムゲイン＋キャピタルゲインの最大化

ここまで、最強物件のキャピタルゲインからみた優位性をお話しましたが、これは最強物件の経済的インパクトを端的に示したかったからであり、決してインカムゲインを軽視しているわけではありません。不動産投資における儲けは、インカムゲインとキャピタルゲインの合算で求められますが、私自身は特に毎月継続的に得られるインカムゲインこそより重視すべきであると考えています。

では、８％という利回りで十分なインカムゲインは得られるのでしょうか？

答えはもちろん、ＹＥＳです。それは、単なる利回り８％の物件ではなく、東京23区内の新築マンションで実現した８％だからです。

インカムゲインの多寡を決定するのは、利回りだけではない！

インカムゲインを税引前のキャッシュフローベースで計算する場合、大きく次の３つの計算要素によって算出することができます。

税引前ＣＦ＝実質家賃収入－運営経費－借入返済額

①　実質家賃収入

実質家賃収入は、満室家賃のみならず、空室率及び家賃下落率まで加味して計算します。利回り計算上は単に満室家賃を使うだけなので、どうしても人気のない地方築古物件のほうが高くなるケースが多いですが、空室率と家賃下落率まで考慮すれば、この差は一気に縮まります。

たとえば、同じ1億円で利回り12％と８％の物件があったとします。地方築古物件は、人口減少が激しく、空室率20％、家賃下落率も5年後20％にもおよぶとします。

一方、最強物件は利回りこそ８％に過ぎませんが、むしろ人口流入エリアであるため、空室率３％、5年後の家賃下落率も３％程度で収まるとした場合、5年後の実質家賃収入は、それぞれ次のとおりとなります。

地方築古物件：1億円×12％×80％×80％＝７６８万円

最強物件：1億円×8％×97％×97％＝753万円

このケースでは利回り4％程度の差であれば、全体のCFを計算するまでもなく、実質家賃収入の段階で追いついてしまう、場合によっては逆転さえあり得るということです。

あくまでも想定される1つのケースを示したに過ぎませんが、こうしたケースは決してレアなケースではなく、実際の賃貸の現場において普通に起こっている一般的なケースであると認識しています。

② 運営経費

不動産投資における運営経費には、管理会社に支払う管理手数料、固定資産税、光熱費、修繕費など様々な費目が存在します。この中で、特に注目してほしいのが修繕費です。

中古物件を買う際は、これをどう正確に捉えることができるかがとても重要です。建物および付属設備は時間の経過とともに必ず劣化していきます。そして、大体15年ほど経過すると、屋上防水、壁面クラック、エレベータ修繕等、数百万円からときには1000万円単位にものぼる大規模修繕が突如として必要となるケースがあります。

もしそんな潜在的な問題を見抜けずに中古物件を買ってしまったとしたら、どんなに高利回りの物件だったとしても、それをカバーすることなどは、とても困難だと言わざるを得ないでしょう。

これに対し、最強物件は新築なので、少なくとも10年間は大規模修繕の心配はありません。最強物件は家賃単価が高いこともあり、私の物件は概ね経費率15％程度とかなり低い水準に抑えられています。

③　借入返済額

借入返済額は、借入残高、返済方式、金利、返済期間等の要因によって大きな影響を受けます。この中で、返済期間は、中古と新築ではその残存耐用年数の違いから、大きく異なります。つまり、中古物件の場合、利回りは高くとも残存耐用年数が短いため返済期間が延びず、返済金額が大きくなるので思ったほどキャッシュフローを残すことができないケースが多く見受けられます。

これに対して新築マンションなら通常30年〜35年という長期の借入が可能となるため、毎月手にすることのできるキャッシュフローは十分大きなものとなるのです。

冒頭の最強物件企画事例をみていただけるとわかると思いますが、利回り8％超の最強物件なら、返済比率は概ね45〜50％程度に収まる感じです。

最強物件ではどの程度のキャッシュフローを残すことができるか

ここまでの計算から、最強物件の手残りを試算してみます。

空室率：3％

運営経費率：15％

返済比率：45％

という水準が最強物件の一応の目安となります。つまり、満室家賃収入に対して63％の支出がある、換言すれば37％の手残りがあるということです。

例えば、投資額１億円で利回り８％の物件なら、

１億円×８％×37％＝２９６万円（ＣＦ率：約３％）

が税引前のキャッシュフローとして、毎年手にすることができる金額です。東京23区の新築マンションとしては、投資規模１億円はやや小ぶりなので、もし2億円相当のマンションを前提とするなら、この１棟だけで５９２万円もの手残りがあることになります。

先に述べたキャピタルゲインに比べるとインパクトが小さいのは否めませんが、１棟から毎年継続的に得ることができることを考えれば、十分な金額であるといえるでしょう。

このように、「最強物件」では、売却した際、数千万円単位の莫大なキャピタルゲインが期待できるのは事実ですが、決してキャピタルゲインだけを目的とした投資法ではありません。むしろ大規模修繕の必要のない最低10年ぐらいまでは、毎年かなり高い確度で、ブレの少ない十分なインカムゲインを獲得し続けることができる安全な投資法なのです。

より具体的には、冒頭の最強物件企画事例の税引前ＣＦをご覧ください。

駒沢マンションで月42万円、山谷マンションで月48万円ものキャッシュフローが毎月コンスタントに得られています。

これも、空室率や家賃下落率、運営経費の水準が極めて低く、長期の融資が引ける最強物件の特長を現しているといえます。

6　【マンション】木造アパートに対するマンションの優位性とは

2、3年前までは、不動産投資といえば地方の中古物件に投資する人が多かったのですが、ここ数年は都市部の高騰化に伴い、地方の中古物件の価格も上がってしまったため、新築にシフトしてきている人が多くなってきたように思います。

しかし、新築投資といえば「新築木造アパート」を意味することが多く、「新築マンション」を建築している人はまだまだ少数派のようです。

では、なぜ私がアパートではなく、RCないし重量鉄骨造のマンション建築に拘ってきたのかを次に述べていきたいと思います。

耐用年数の長さ

新築マンションの場合、重量鉄骨造の耐用年数は34年、RCだと47年にものぼるため、大多数の金融機関で、30年〜35年という長期の融資をひくことができます。一方、木造の耐用年数は22年であるため、一部の金融機関を除き、新築でも最長20年〜25年程度しか融資期間が延びないのが通常です。

融資期間の長さはキャッシュフローに大きく影響しますので、利回りが1〜2%程度木造アパートのほうが高かったとしても、マンションのほうがキャッシュフローが大きくなる可能性は十分あります。

また、仮に10年所有して売却しようとした場合、マンションならまだ残存耐用年数が24年～37年ありますので、買手も十分なキャッシュフローが得られるため、売却が容易です。

これに対して、木造アパートを10年もってしまうと、一般的な金融機関では残存耐用年数の12年が融資期間の最長となるため、ほとんどキャッシュフローを残せず、なかなか売却できないおそれがあります。

賃貸競争力の高さ（空室率の低さ）

最近は、東京も含めてかなり空室率が高くなってきています。しかし、これは賃貸物件全体での話であり、実際にはマンションとアパートの空室率には、大きな隔たりが見られます。

タス社の「賃貸住宅レポート」によれば、２０１８年2月の東京23区におけるマンションの空室率が約13％程度であるのに対し、アパートの空室率はなんと35％を裕に越えているとの調査結果が報告されています。このデータの中には、当然中古物件も含まれているわけですが、仮に東京23区で新築したとしても、アパートであるなら、いずれはこうした高い空室率の中で様々な対策を講じていかなければ生き残っていくことができないということです。

できるならアパートよりマンションに住みたいという入居者のニーズ、比較的どんな土地でも建てることができてしまうアパートの供給量の多さを考慮すれば、こうした両者の空室率の隔たり、つまりは賃貸競争力の違いが生じるのは納得できると思います。

利回り相場の低さ

利回り自体は、もちろん低いより高いほうがキャッシュフローが大きくなるので、高いほうが望ましいです。しかし、利回り相場は高いより低いほうが売却の際、有利です。つまり、売却の際は相場の利回りなら普通に売ることができるため、この利回り相場が低ければ低いほど所有物件の現状利回りとのGAPが大きくなり、キャピタルゲインが見込めるのです。

利回り相場が低いということは、それだけ低くても売却することができる、したがってそれだけ人気が高いということを意味しているのです。

同じ東京の物件でも、マンションとアパートでは相場の利回りが異なります。ホームズ社の「見える！賃貸経営」によれば、アパートの利回り相場が6・4％であるのに対して、マンションは5・7％となっています。

仮に、ともに1000万円の年間家賃収入のある物件であるなら、それぞれの売却金額は

アパート：1000万円÷6・4％＝1億5625万円

マンション：1000万円÷5・7％＝1億7543万円

となり、その差は1918万円生じることになります。

利回り上はわずか０・７％の差でしかないように見えますが、売却する際は、年収１０００万円クラスの物件で、約２０００万円ものキャピタルゲインの差として現れるのです。

アパートのほうが短期に建てられ、適合する土地も見つけやすいなどのメリットもあるものの、敢えて私が最も面倒な1棟マンションに拘るのはこうした理由からです。

7 【新築】中古にはない、新築物件の魅力とは

中古物件は、買ったらすぐにキャッシュフローを得ることができます。それに比べ、新築企画では、建物が完成するまで一切キャッシュフローを生みません。それなのになぜ敢えて新築にこだわるのか、再度整理してみたいと思います。

新築なら、ブレの少ない確実なキャッシュフローが見込める

これは、１‐５で述べた「最強物件」なら利回り８％でも十分なキャッシュフローが見込めるといった内容と連動しています。先に示した内容は、最強物件の1つの要素である「新築」の観点から導かれる特長だからです。

繰り返しとなるため詳述することは避けますが、新築の場合、中古と比べて、特に修繕費と空室率の観点から大きな優位性があり、ブレの少ない確実なキャッシュフローを見込むことができます。

不動産投資初心者でも運営管理が容易

私が10年前に初めて投資した物件は、札幌の新築マンションでした。東京に住みながら、さらには当時本業でかなり忙しくしていた時期であったにも関わらず、特に大きな問題もなく7年間保有することができました（7年後売却済み）。

激戦区札幌ということもあり、当初は空室が出るたびに何か特別な手立てを講じなければならないと思い、管理会社に相談を持ちかけたりしていました。しかし管理会社が消極的な姿勢であったこともあり、何も講じないにもかかわらず、ほぼ退去後1〜2か月以内には入居が決まっていく状況（広告費は1か月のみ）でした。

立地や建物の仕様などはそれほど特筆すべきレベルではなかったため、やはり新築マンションだったことが、入居付けを容易にした一番の要因であったと考えています。

大家自らが中心となり様々な空室対策を施すという姿勢はとても大切なことですが、特別、時間的制約が厳しいサラリーマンが、副業として最初に不動産投資を行う物件として、新築物件は最適であると実感しています。

出口戦略を描きやすい

不動産投資における出口には、売却以外にも持ち切って土地売りや建替えなど、各種の方法が考えられます。よく築古物件を買う際、土地値以下なら問題ないように言われることがありますが、私は懐疑的です。

なぜなら、土地売りも建替えも、その前にすべての入居者に退去してもらう必要がありますが、全員が立ち退くまでキャッシュフローが減少し続けていくこと、立退費用がかかることも忘れてはならないからです。この際１人でも立ち退きに反対する人が現れると、さらに多大な時間とコストを要することもあり得ます。さらには、築古マンションで、アスベストなど使用していた場合には、建物の取壊し費用は１０００万円単位になるおそれもあります。

このように、土地売却や建替えを出口とする際は、自分の力だけではどうすることもできないような不測の事態に陥るリスクも十分に想定しておく必要があるのです。

これに対して、売却は比較的簡単です。もちろん、相場以上で売ろうとするなら、それは極めて困難と言わざるを得ませんが、相場で売るだけならそれほど難しくはないです。そのため、私は出口戦略は基本「売却」を前提に考えるべきと考えています。

このように売却を前提とした場合、築古の中古物件は、残存耐用年数の関係で、持てば持つほど、どんどん売りづらくなっていきます。さらに大規模修繕も突如必要となることがあるため、なかなか売りたいタイミングを主体的に決めることが難しくなります。

一方、新築、特にＲＣであれば、仮に17年持ってもまだ30年の融資が通常つきますので、自分が相場で売る意思さえ固めれば、いつでも市場で売却することが可能です。不動産市況を睨みながら、好況に転じるまでじっくり所有して、最適な売却時期を見極めることができるのです。

8 【企画】最強物件は、投資家自らが企画して創り出せ！

ここまで、「最強物件」の4つの要件について、なぜこれらの要件が揃うと「最強」と言えるのか、それぞれの優位性について詳述してきました。しかし、そのような4要件をすべて満たす物件など、どこを探しても見つけることなどできません。換言すれば、市場に簡単に転がってないからこそ貴重であり価値が高い物件であるのです。

では、どのようにすれば、この「最強物件」を取得することが可能なのでしょうか？

以下では、まずは新築する際の3類型についてから、お話していきたいと思います。

新築する場合の3つの類型とは

私はこれまで7棟ほど新築物件を購入・建築した経験があります。しかし、一言に新築と言ってもその手法は1つではありません。新築を進める手法には、次のような大きく3つの類型があります。

① 新築建売

② 新築プラン付き

③ 新築企画

「新築建売」には業者の利益が乗っている

新築建売とは、業者が適切な土地を仕入れ、建築プランを作成して建物が完成した後、一般投資家に引き渡す（売買する）方式です。建築を主たる業務としている会社や管理戸数を増やしたい管理会社などが建売業者となるケースが多いようです。私も建築会社から１棟、管理会社から２棟購入しています。

新築建売の場合、すでに建物が建っている状態ないしは完成するまではすべて業者側の責任のもと引渡しされますので、そこに至るまでのリスク（建築期間の延長や自然災害の発生等）は一切負う必要はありません。また、建築中の資金調達や利息の支払いもありませんので、資金的に不安のある投資家、特に不動産投資初心者にとっては、比較的取り組みやすい方式であると言えます。

しかし、新築建売には、建売業者が間に入ることによる様々な中間コストが乗っていることを忘れてはいけません。つまり、建売業者が物件を完成させ販売するまでに要した、広告宣伝費やセミナー経費、それらに絡む人件費、そして営利目的で行う以上は純粋な利益も当然含まれているのです。

無論、こうした中間コストや業者の利益は、業者が事業として新築建売を行っている以上、正当な報酬であり何ら非難されるべきものではありません。投資家は楽して新築物件を手に入れる代わりにそれだけの対価を支払っていると認識すべきなのです。

このため、新築建売では高い利回りを期待することはできません。現状、東京23区内の新築マンションの建売であれば、精々利回り4％～6％程度でしょう。この方式では「最強物件」を手に入れることはできないのです。

「新築プラン付き」の特徴とは

新築プラン付きとは、設計会社や建築会社等が不動産投資に見合いそうな土地を見つけて新築プランを作成し、そのプランに沿って建築してくれる投資家を募る方式です。

業者にとってみれば、土地を自ら購入するわけではなく、また建築資金も調達する必要がないので、新築建売に比べてリスクが低くなります。また、土地の不動産取得税や登録免許税などの税金がかからず、建築中に要する金利も負担せずに済むため、その分新築建売よりも安く投資家に提供することができるのです。

一方、投資家にとっても、新築建売よりも高い利回りが実現するとともに、自ら投資に見合う土地を探す必要がなく、設計・建築も業者のプラン通りに実行すればよいだけなので、特に時間のない会社員にとってはメリットのある方式といえます。

しかし、新築建売と比べれば一部のコストは削減されるとはいえ、そのプランを作成した業者のかけた販促費や利益は相変わらず上乗せされたままですから、やはり利回りの最大化を実現することはできません。現在の相場であれば、23区の新築マンションで利回り7％いけば、かなりよいプランだと言えるでしょう。

〔図表 1-8 ①：　新築を行う際の 3 つの方式〕

	業者主導		投資家主導
	新築建売	新築プラン付	新築企画
概要	業者が土地を仕入れ、プランを作成し、建物が完成した後、投資家へ引き渡す（売買する）方式。	業者が土地を探しプランを作成。投資家はプランに基づき、土地を先行決済し、建築する方式。	投資家が自ら建築に適した土地を仕入れ、プランを作成。それに基づき、設計建築を進める方式。
利回り	小	中	大
煩雑さ	小	中	大
期間	短	中	長

「新築企画」は投資家の利益を最大化させる

すでにみなさまもお気づきのとおり、「新築企画」こそが「最強物件」を入手するための唯一の方法です。新築企画の業務に業者が絡めば、その分中間コストが発生するため、東京23区の新築マンションで利回り8％を超える「最強物件」は実現できないのです。

新築企画といっても、設計業務や建築業務まで投資家自身が行うわけではもちろんありません。そんなことは普通の投資家には時間的にも能力的にもできるはずがありません。あくまでも、建築に適した土地を見つけ、適切な設計会社や建築会社を選定して、物件が完成するまでの一切の業務をコーディネートするといった役割にすぎません。設計や建築の人的・物的リソースを全く持たない1人の投資家であっても、完成までのプランを描いてコーディネートしていくことは可能なのです。

実際、私が3棟の新築企画を行って「最強物件」を創り出したのは、日夜残業に追われ、土日出勤もままならなった超多忙な会社員のときでした。そんな状況でも、企画すること自体は絶対的な時間が拘束されるわけではないので、隙間時間を見つけて実践していくことが可能です。

また、「最強物件企画事例④」に掲載した南千住マンションは、実は不動産投資初心者が企画・建築した物件です。施主は、以前私が勤めていた会社の後輩で、ある飲み会の席で最強物件企画について話したところ、とても興味を持ってくれました。自分も会社員の傍ら、是非挑戦してみたいということになり、新築企画に関する各種のノウハウや進め方をアドバイスするようになったのです。

最初のうちは、やはりどうしようもない土地を見つけてくることが多かったのですが、なぜダメなのかという理由もあわせて差し戻していったところ、始めて半年も経たないうちに、最強物件になり得る土地を自ら見つけ出すことができるようになりました。そして、選定した建築会社と建築プランを詰め、融資も引き出して、1棟目から東京23区で新築1棟マンションを自ら企画して利回り8％の最強物件を創り出すことに成功したのです。

このため、「最強物件企画」は誰にでも簡単にできる、などと言うつもりは毛頭ないのですが、少なくとも新築企画に必要となる知識やノウハウをきちんと身に着けた上で、適切な進め方を実践していけば、きっと多くの方が同様の結果をもたらすことができると確信しています。

以降の2章から6章では、この「最強物件企画」の具体的な進め方について、各段階で実践すべきタスクの内容や押さえるべきポイント、留意点等を詳述していきたいと思います。

第2章

最強物件企画の進め方の全体像を把握する

1　新築不動産投資の全体像と企画の位置づけ

新築不動産投資の全体像とは

新築で不動産投資を行う場合、まずはどこにどんな物件をどのような収支で建てるかという「企画」がすべての始まりになります。中古のようにすでに建物が建っているわけではありませんので、存在するものを評価するのではなく、自らが収益性のある物件をどのように建てるのかを立案するのです。その後は、企画段階で計画した内容に基づき、土地の購入、設計／建築、賃貸／管理、売却を経て、一連の不動産投資が完了することになります。

①企画
②土地の購入
③設計／建築
④賃貸／管理
⑤売却

新築不動産投資の成功の鍵は企画段階にあり！

したがって、企画はその後のすべてのプロセスの要諦となる最も重要な位置づけであり、この企画でお粗末なプランを立ててしまうと、たとえその後のプロセスで如何に優れたパフォーマンスを発揮できたとしても、企画の失敗をリカバリするのは並大抵の努力では済みません。

たとえば、企画段階で決定したエリアで土地を格安で購入できたとしても、そもそも賃貸需要が低いエリアだったとしたら、賃貸付けの段階では、自ら積極的に動いて様々な空室対策を施したとしても、どうにもならないかもしれません。

また、仮に土地選定は正解だったとしても、建て方や物件コンセプトが間違ってしまえば、やはりそのしわ寄せが、後工程である賃貸や売却に大きな悪影響を及ぼしてしまうことでしょう。

このように、最初の企画の成否がその後の賃貸経営の行く末を大きく左右するため、新築不動産投資の成功の鍵は企画段階にあるといえるのです。「最強物件企画」はまさにこの企画段階に注力して最強物件を創り上げる投資法です。このため、本書では、この企画段階をさらに詳細なプロセスに分解して、各プロセスおける具体的なタスクや行動指針について詳述していきます。

2 「最強物件企画」の全体像を概観する

最強物件企画の全体プロセスとは

新築投資における企画段階の重要性については、前節で述べました。次は、その重要な企画段階はどのようなプロセスから構成されているかを見ていきましょう。プロセスの分け方についての明

〔図表 2-2 ①：　最強物件企画の全体プロセス〕

①事前準備
②机上調査
③現地調査
④コンセプト策定
⑤事業計画策定

〔図表 2-2 ②　主体となるプレーヤーの種別〕

▷投資家自身
▷設計／建築会社
▷仲介／管理会社
▷金融機関

〔図表 2-2 ③：　最強物件企画の全体プロセス〕

		最強物件企画				
		事前準備	机上調査	現地調査	コンセプト策定	計画策定
プレーヤー	投資家	➢ 建築法規の基本をおさえる ➢ ワンルーム規制を把握する	➢ 土地探し ➢ 簡易ボリュームチェック ➢ 地盤概要調査 ➢ 家賃相場確認 ➢ 利回り計算	➢ 周辺環境調査 ➢ 近隣地盤調査結果の入手	➢ ターゲット選定 ➢ 近隣競合分析 ➢ ポジショニング分析 ➢ コンセプト設定	➢ 各種シミュレーションの実施 ➢ 事業計画書の作成
	設計・建築	➢ 完成物件見学会への参加 ➢ 標準プランの入手		➢ 建築プラン作成 ➢ 建築費見積もり	➢ 設備仕様の方針決定	
	仲介・管理			➢ 現地確認 ➢ サブリース家賃査定		
	銀行	➢ 事前相談		➢ 融資申し込み		➢ 事業計画書提出

確な決まりはありませんが、ここでは、図表２‐２①の５つのプロセスに分けた上で、各プロセスで実施すべきタスクを整理してみます。

各タスクの主体は誰かという観点から分類してみる

各プロセスにおける具体的なタスクについては、次章以降で詳述していきますが、それぞれのタスクはどういったプレーヤーがメインで行うタスクなのかという観点から分類（図表２‐２②）すると、自らが行うべきタスクか、他者と連携しなければならないタスクかが整理できます。

図表２‐２③は、企画段階の各プロセスと主体となるプレーヤーの種別という２軸のマトリックスで表現した際の、具体的なタスクをプロットしています。次節からは、まずは事前準備プロセスの各タスクに関して説明していきます。

3　【事前準備】建築法規の基本をおさえよう！

まずは、建築法規の超基本

本書をお読みいただいている方の大部分は、特に大学で建築を学んだとか、設計・建築関連の仕事をされているような人でなければ、建築の専門知識は持ち合わせていないと思われます。

かくいう私も文系出身で仕事もＩＴ／業務コンサル関連が長かったので、特別建築関連の知識があったわけではありません。最強物件企画を行うにあたっては、専門家に匹敵するほど詳しくなる必要はなく、マンション建築に必要な部分だけを切り取って勉強していけば十分です。

まずは、新築企画以前に、不動産投資家として絶対に理解しておかなければならない建築法規を次に示します。なお、本書は建築に関する専門書ではないので規制の詳細内容については省略します。あくまでも、一般の不動産投資家が、東京23区でマンション建築を行う際に必要なポイントに絞って説明していきます（図表２‐３①参照）。

▽用途地域

用途地域とは、住居、商業、工業など市街地の大枠としての土地の利用を定めるもので、13種類あります。土地面積が大きければ住居系の地域でもよいのですが、後述する各種の建築規制が厳しいため、商業、近隣商業、準工業の３つの用途地域が都内のマンション建築には適しています。

▽建蔽率／容積率

建蔽率とは敷地面積に対する建築面積の割合のことであり、容積率とは敷地面積に対する延べ床面積の割合のことです。やはり都内の狭い土地にマンションを建築するには、建蔽率は80％、容積率は３００％は欲しいところです。

ちなみに、最強物件事例に示した４つの物件はいずれも30坪以下ですが、容積率が３００～

５００％あるので、最高９階建てのものもあります。

▽防火地域

防火地域で、３階建て以上または１００㎡超の建物を建築する場合、耐火建築物としなければなりません。マンションは、ＲＣか重量鉄骨造のため基本耐火建築物に当たるので、建築上特別支障となることはありません。逆に、木造の場合は特別な耐火仕様が必要となるので、そのためのコストアップが非常に大きくなってしまいます。このため、戸建てやアパート建築とは競合しにくくなり、むしろ防火地域であるほうが好都合です。

マンション建築のために特に重要な法規制

東京23区でマンション建築を行う上で、常に立ちはだかる重要な法規制があります。これを理解することが自分で簡易的なボリュームプランを作成する上での最大のポイントとなります。

▽道路斜線制限

斜線制限には、他に隣地斜線や北側斜線がありますが、前述した３つの用途地域を前提とするならば、全く気にする必要はありません。

問題は道路斜線で、前面道路幅によって建築可能な高さが制限されます。先の用途地域では、前面道路幅の1・5倍までが建築可能な高さです。たとえば、道路幅が6mならその1・5倍の9mとなりますが、これでは3階までしか建てられません。

そこで、0・5mセットバックして建てれば、道路の反対側の境界線もバックしたものとみなされ、

（6m＋0・5m×2）×1・5＝10・5m

となるので、なんとか4階建てを建てることが可能となります。

▽高度地区

住居系の地域以外は北側斜線制限がないのですが、自治体ごとに規定される高度地区に指定されていると、北側から高さの制限がかかります。東京の場合は、第1種〜第3種までありますが、そのうちもっとも規制の緩い第3種か、そもそも高度地区に指定されていない地域でないと、マンション建築は難しいと考えたほうがよいでしょう。

▽窓先空地

これは共同住宅において火災が発生した際、避難を容易にするために、1階住戸の窓に直面する敷地に空地を設けて避難経路として利用するものです。住戸の床面積に応じて、200㎡までなら1・5m、600㎡までなら2mの幅員の空地が必要となります。

東京23区で比較的安い土地を探すと、間口が狭い土地に行きつくことが多いです。その場合、道路側に面して2戸並列で住戸を入れることは難しく、前後に2戸配置するような建築プランとなります。その際は、後方の住戸の避難経路として、窓先空地を設ける必要があるため、建蔽率を使い切るのは困難となります。窓先空地分を念頭に入れて、ボリュームプランを考える必要があります。

▽塔状建物

塔状建物とは、建物の最小幅の4倍以上の高さのある建物を指します。このような細長い建物は、地震の際転倒し易く、それに耐えるためにより多くの構造耐力を必要とするため、構造体にかかるコストが非常に増大してしまいます。

したがって、仮に容積率が高く、前面道路幅も十分だったとしても、間口が狭過ぎる土地（おおむね5ｍ未満）だと、高層の建物を建てても利回り確保が極めて難しくなってしまいます。

▽容積率不算入

ここまで、建物を建てる上での規制面のお話をしてきましたが、これは建築を緩和するための規定です。次の床面積は容積不算入とすることができるので、必ず念頭にいれておきましょう。

◇共用廊下、階段部分等の共用部
◇駐車場／駐輪場（延べ床面積の1／5まで）

◇地下室（延べ床面積の1／3まで）

特に地下室の利用により、ＭＡＸ33％もボリュームアップした建物を建築することが可能となります。ここで、地下と言っても完全地下ではなく、天井が地盤面から1ｍ以下であればよいです。

さらに地盤面も平均地盤面を指すので、傾斜地などでは入口からほとんど段差なく進入できる構造でも建築基準法上は地下扱いとすることが可能です。そのため、これを上手く活用することが利回りアップの大きなポイントとなります。

建築士の確認が必要となる法規

ここまでの法規は、自分自身で簡易的なボリュームチェックをできるようにするために必ず理解しておくべきものでしたが、次の法規は存在は知っておく必要があるものの、計算自体は建築士さんにお願いせざるを得ないものです。

▽**日影規制**

これは、近隣の建築物の日照確保のため、一定の範囲内に日影を生じさせないための規制です。基本、住居系の用途地域で設定されるものですが、近隣商業地域でも指定されている場合がありま す。また、仮に計画地自体には日影規制の指定がなかったとしても、日影規制のある近隣の土地に影が落ちる場合は、規制の対象となるため要注意です。

〔図表 2-3 ①：　おさえておくべき建築法規〕

区分	項目	
基本	●用途地域（商業、近隣商業、準工業・・・） ●建蔽率、容積率 ●防火地域（耐火建築物、準耐火建築物）	自分で一次判断可能
重要	●容積不算入（駐車場/駐輪場、地下室、共用廊下/階段室） ●斜線制限（道路斜線、隣地斜線、北側斜線）➡前面道路幅 ●高度地区（1種高度、2種高度、3種高度） ●窓先空地 ●塔状建物（建物の最小幅の4倍以上の高さのある建物）	自分で一次判断可能
難度高	●日影規制 ●天空率（斜線制限の緩和）	建築士に確認

▽天空率

天空の占める立体角投射率のことです。これが斜線制限による天空率と同等以上確保できている場合には、採光や通風等が確保できているものとして、斜線制限がかからないという緩和制度です。

融資の関係で建築に至らなかった事例ではありますが、以前前面道路幅が11ｍしかなかったため、頑張っても7階建てぐらいまでしか建たないだろうと考えていた案件がありました。

そこで、なんとか7階建てが建つようなプランが立てられないか建築士に相談したところ、天空率を利用してなんと9階建てのマンションを建築するプランを作成していただいたことがあります。

このように、天空率を積極的に活用することは建物のボリュームアップ、ひいては利回りの向上に大きく寄与するため、事前に建築士さんにその意向を伝えておくことが肝要です。

4 【事前準備】東京23区のワンルーム規制は必ず念頭に置くべし

ワンルーム規制の背景

１９８０年代後半のバブル期において、東京では少しでも戸数を多くして収益性を高めるため、狭小ワンルームマンションが乱立してしまいました。その結果、生活環境を乱すとして近隣住民からの反発が広がり、各地で紛争が勃発しました。

そこで、東京都を中心に各自治体が指導要領や条例等によって、ワンルームマンションの建築に一定の規制を設けることとなったのです（なお、ここでワンルームとは、１Ｋも含み、マンションのみならず、アパートも当然規制の対象となります）。

このため、東京でマンション企画を行うためには、区ごとに異なるこのワンルーム規制を十分に把握しておかないと、適切な建築プランをたてることができないため、非常に重要な位置づけとなります。

どのようなマンションが対象となり、どんな制限が課されるのか

前述したように、自治体ごとに規程が異なるので、一律に説明することはできないのですが、ワンルーム規制の対象となるのは、３階建て以上で15戸以上の戸数をもつマンション／アパートが多

いようです。つまり、15戸以上の中規模以上のマンションは基本すべてワンルーム規制の対象となります。

次に、どんな規制が課せられるかについては、例えば次のような規制が課されます。

▽最低専有面積

20㎡〜30㎡と各区で異なるものの、大部分の区では、25㎡を最低専有面積としています。

▽ファミリータイプ設置義務

一定の割合にファミリータイプと設置するものとして、40㎡以上のファミリータイプの設置を求める区が多くあります。

▽管理人室、ゴミ集積所、駐輪場、駐車場設置義務

近隣住民からの苦情が多い居住者マナーの改善のため、こうした共用施設の設置を義務づける区が比較的多いです。

▽課税

豊島区のみ、1戸当たり50万円の課税を課しています。

ワンルーム規制の弊害

ワンルーム規制によって、近隣住民との軋轢は確かに以前と比べれば緩和されたはずです。しかし、一方では、新たに大きな弊害が生じてしまったのではないかと考えられます。

それは家賃の高騰です。

以前はどうしてもその地域に住みたい場合、狭い部屋に住めば比較的安い家賃で済むことができました。しかし現状中規模以上のマンションは、基本25㎡以上の居室になりますので、それなりの家賃をとらないと事業者は収支が合いません。この結果、バブル期以上に平均家賃が上昇してしまったのです。

たとえば、私が新築企画した駒沢マンションの周辺には、中高層の賃貸マンションが多く建っているのですが、その家賃は25㎡の部屋で大体11万円～13万円もします。いくら人気の駒沢・三軒茶屋エリアだといっても、これではターゲット層である20～30歳代の単身者では借りることのできる人は相当限られてしまうのではないでしょうか？

事実、近隣で最新の設備を装備した新築マンションであるにも関わらず、家賃が25㎡で12・5万円もするので新築後1年以上空いている部屋も散見します。

ワンルーム規制をかいくぐれば勝機が生まれる

私達のような個人投資家が狙うのは、ワンルーム規制にかからない範囲で建てられる小規模マンションです。多くの区では14戸以下ならワンルーム条例にかからないので、25㎡以下の居室をつくることができます。もちろん、15㎡もないような超狭小な部屋では生活に支障があると思われますが、20㎡前後あれば十分住めます。

実際、駒沢マンションは、19㎡程度ですが家賃が平均８８０００円と先の25㎡マンションに比較して相対的に安いので、狭くてもどうしてもこのエリアに住みたいという入居者のニーズを捉え、常に満室状態です。

実は、この物件の隣と後方にも同様の小規模マンションがあるのですが、これらも常に満室のようです。総じて25㎡確保した中大規模マンションよりも稼働率が高いと思われます。

もちろん、十分な広さを確保してあげたほうが入居者に喜ばれますが、それによって家賃が高く成り過ぎて空室を生むようでは本末転倒です。

このため、土地を探し始める前に、まずは区ごとのワンルーム規制を概観し、最低でも規制の緩い区、厳しい区はどこか、程度は事前に念頭にいれておくことが肝要です。

次頁に示した図表２－４①は、23区別に規制の対象となる条件と対象となった場合の最低面積のみを切り出した超簡易的な一覧表です。評価欄には、あくまで私見として、ワンルーム規制の観点からの建築のしやすさの程度を示しています。この観点からワンルーム規制に掛からず建築しやすいのは、品川区、練馬区で、逆に建築しづらいのは、港区、江戸川区、豊島区という結果となっています。あくまでも１つの参考情報としてご活用ください。

〔図表 2-4 ①：　東京２３区のワンルーム規制（概略）〕

	行政区	形式	規制対象	最低面積	評価
都心エリア	千代田区	指導	4階建て以上で30㎡以下の住戸が10戸以上	25㎡	△
	中央区	条例	10戸以上	25㎡	△
	港区	条例	37㎡未満の住戸が7戸以上	25㎡	×
	渋谷区	条例	「3階建て以上」 かつ「33㎡未満の住戸が15戸以上で総戸数の3分の1以上」	28㎡	△
	新宿区	条例	3階建て以上で30㎡未満の住戸が10戸以上	25㎡	△
	文京区	条例	40㎡未満の住戸が10戸以上	25㎡	△
城南エリア	目黒区	条例	3階建て以上で40㎡未満の住戸が10戸以上	25㎡	△
	世田谷区	条例	住居・準工業系➡3階建て以上で40㎡未満の住戸が12戸以上 商業系➡3階建て以上で40㎡未満の住戸が15戸以上	25㎡	○
	品川区	指導要領	「3階建て以上」かつ 「30㎡未満の住戸が15戸以上で総戸数の3分の1以上」	20㎡	◎
	大田区	条例	15戸以上	25㎡	○
城西	中野区	条例	3階建て以上で12戸以上	25㎡	△
	杉並区	指導	3階建て以上で40㎡未満の住戸が6戸以上	20㎡（10戸未満）	△
城東エリア	江東区	条例	3階建て以上で15戸以上	25㎡	○
	台東区	条例	10戸以上 15戸以上	25㎡ 1/3以上40㎡	△
	墨田区	条例	3階建て以上で10戸以上、または15戸以上	25㎡	△
	荒川区	条例	15戸以上	25㎡	○
	江戸川区	条例	3階建て以上で10戸以上、または40㎡未満の住戸が6戸以上	平均30㎡	×
	葛飾区	指導	3階建て以上で15戸以上	25㎡	○
	足立区	指導	3階建て以上で15戸以上	25㎡	○
城北エリア	豊島区	条例	3階建て以上15戸以上 30㎡未満の住戸が9戸以上	20㎡ 50万円/戸課税	×
	板橋区	条例	「3階建て以上」かつ 「35㎡未満の住戸が15戸以上で総戸数の3分の1以上」	25㎡	○
	北区	条例	3階建て以上で15戸以上	25㎡	○
	練馬区	条例	30㎡未満の住戸が20戸以上	25㎡	◎

※評価欄は、ワンルーム条例のみの観点からのマンション建築のし易さを筆者の独断で評価したものです。

5 【事前準備】土地を探す前に、まずは建て方を学ぼう！

いきなり土地探しを始めても建築に適した土地は見つからない

新築企画を志した人にありがちな行動パターンは、とにかく安い土地をひたすら探し続けるというものです。ターゲットとなる建物のイメージが全くできていないので、判断基準は価格だけとなってしまうため、必然的に道路付けの悪い非整形地に行き当たることが多くなります。

木造アパートなら、設計で上手くカバーできることもあるかもしれませんが、マンション建築では、そうした土地はそもそもまともに建築できないか、建ったとしても逆に建築費がコストアップして、土地を安く買った以上にトータルコストが上がってしまう可能性が高いです。

そのような全くマンション建築に適していない土地を何度も建築士に持ち込んでいると、いずれ相手にしてもらえなくなるのがオチです。

まずは、前節で述べたような建築法規やワンルーム規制の大枠を最低限押えて、自分なりに土地のスクリーニングができないと、先に進むことはできません。

建築会社主催の物件完成見学会に参加しよう

とはいえ、不動産投資家は建築の専門家ではないので、仮に法規を理解したとしても、何もない土地を見て、建物をイメージすることは極めて難しいです。

そこでおすすめしたいのは、建築会社が実施している完成物件見学会やショールームを見に行って、具体的な建て方を実際に見て大枠の建築イメージを形成しておくことです。

たとえば、私は新築企画を志した当初、重量鉄骨が得意なあるマンション建築会社の物件見学会に参加した際、次のような情報を得ることができました。
▽建築工法の特徴⬇10ｍの高さで4階建てまでの建築が可能
▽どんな土地が向いているか⬇整形地。変形地だと極端にコストアップする
▽工期⬇1か月＋階層分の月数
▽建築坪単価⬇75万円／坪程度
▽戸当たり建築費⬇650万円／戸
▽図面⬇見学会の物件の図面、最も建築コストを抑えられる標準プラン
また、壁式ＲＣが得意な設計／建築会社の物件見学会では、次の内容を把握することができました。
▽建築工法の特徴⬇柱で支える構造ではないので、デッドスペースが生じない。5階建てまでなら建築可能
▽どんな土地が向いているか⬇多少斜めの建て方でも大きなコストアップにはならない。間口が狭い狭小地でも建築可

▽工期⬇２か月＋階層分の月数
▽建築坪単価⬇90万円／坪程度
▽図面⬇見学会の物件の図面

以上、２社の事例を記載しましたが、おそらくこれまで10社以上は建築会社の完成物件見学会や説明会に参加していると思います。こうした経験を積んでいくと、徐々に建築イメージを持って土地を探すことができるようになっていきます。

標準建築プランを常に念頭におく

先の情報はいずれも重要ですが、特に標準建築プランの図面を入手しておくと、土地探しを飛躍的に効率化することができるようになります。

図表２－５①は、間口が広く道路に面して２戸並列で入れることができる建築パターンです。１戸の間口は最低１間半（２・７ｍ）必要で、隣地とは基本０・５ｍ空ける必要があるので、最低６・５ｍぐらいの間口がないと、２戸並列は難しいことがわかります。

また、図表２－５②は、安い土地にありがちな間口の狭い土地の場合の建て方です。並列が難しいため、前後に２戸配置するパターンです。１階後方の居室の避難経路として、１・５ｍの窓先空地が設けられています。この図面を見ると、２－３の建築法規でお話した窓先空地の意味が具体的に掴めたのではないかと思います。

この建築パターンでは、間口は最低5m弱（1・5m＋2・7m＋0・5m＝4・7m）必要なのがわかります。つまり、これに満たない間口の土地ではさすがにマンション建築は難しいので、そうした土地は安くてもすぐ検討対象外とすべきなのです。

繰り返しになりますが、我々不動産投資家は建築のプロではないので、土地をみてゼロベースで建て方をイメージすることは困難です。こうした標準建築プランをいくつか持っておくと（3戸並列パターンとか、2戸前方並列&1戸後方パターン等）、土地をみたとき標準プランとの差分で考えられるので、一定レベルでのボリュームチェックを自身で行うことができるようになるのです。

この建て方のイメージと簡易ボリュームチェックが自分でできるか否かが新築企画ができるか否かに大きく関わっているので、是非こうした活動を積極的に行っていただきたいと思います。

なお、ここでは、1階層に2戸配置することを前提とした標準プランを例示しましたが、次のような標準プランも事前に入手しておくと、より多種多様な土地に適用できる可能性を広げることができます。

■1階層1戸
■1階層3戸（並列3戸）
■1階層3戸（前方2戸&後方1戸）

20～30坪程度の土地を前提とした最強物件企画の場合、これら5つの標準パターンを常に念頭において土地探しをすれば、おおよその建築イメージはつけられるようになるはずです。

〔図表 2-5 ①：　標準建築プラン－並列２戸〕

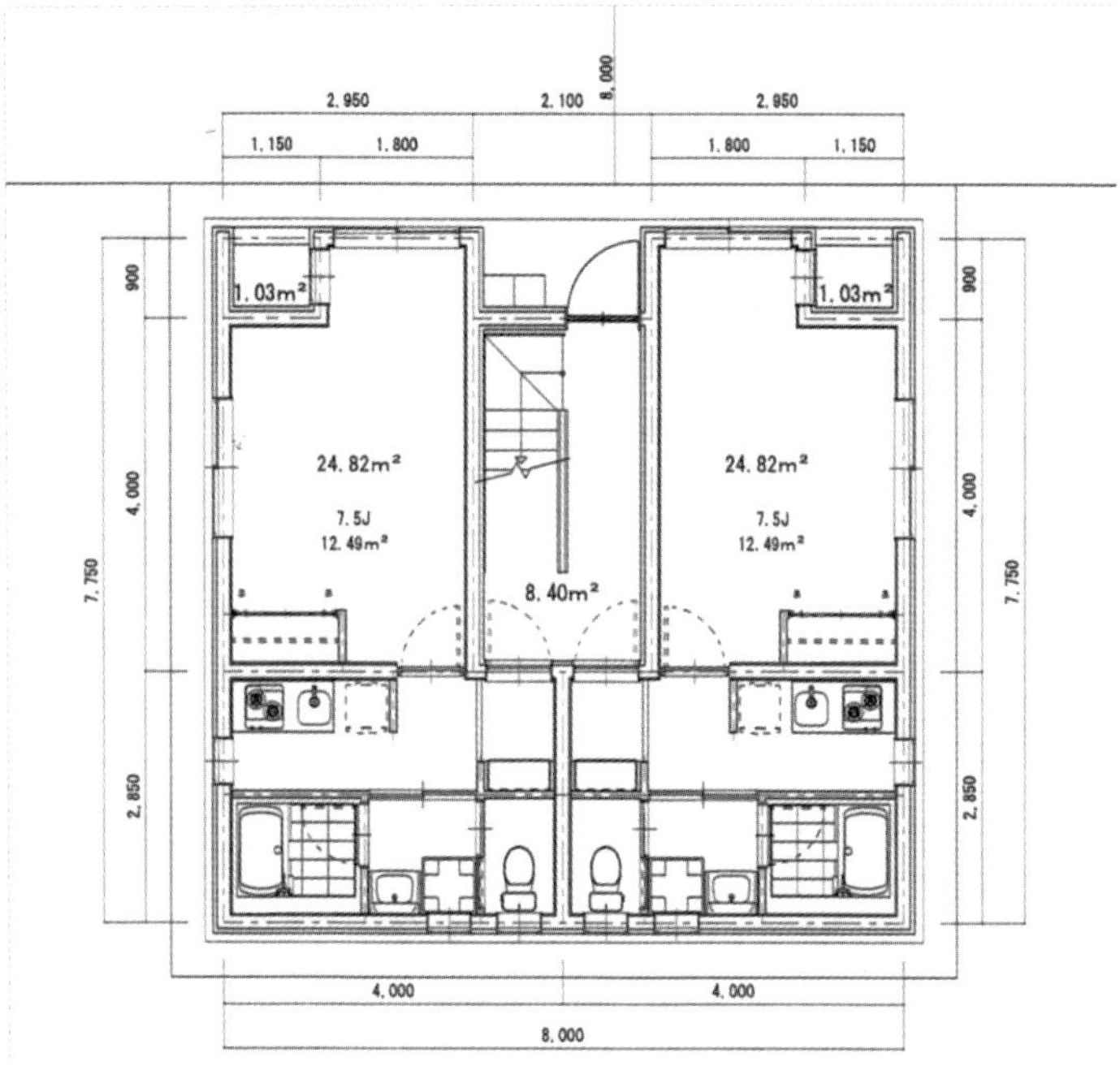

〔図表 2-5 ②：　標準建築プランー縦列２戸〕

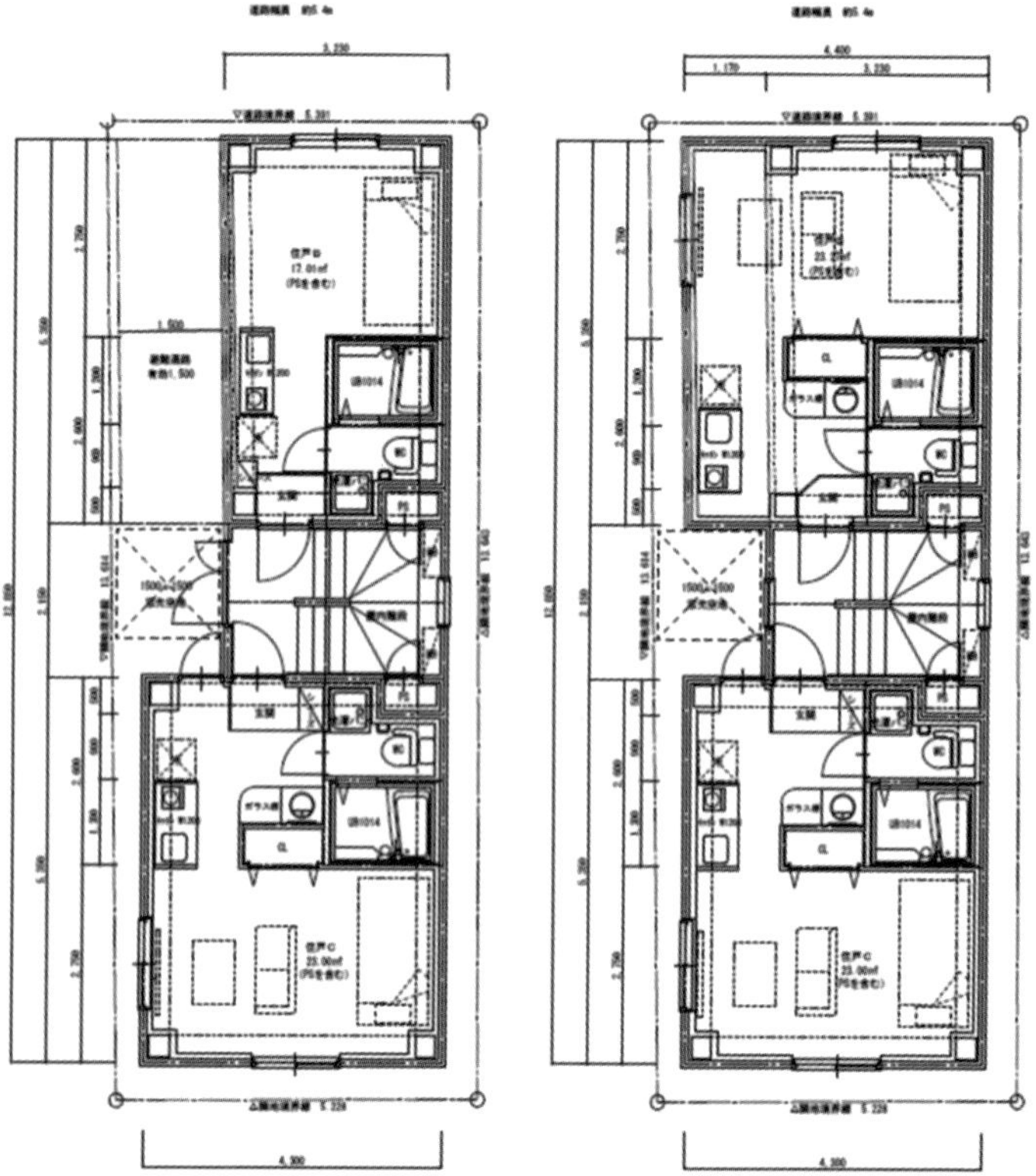

1階平面図　1/50　　　２～４階平面図　1/50

6 【事前準備】銀行に行って、事前に融資相談しておこう！

まずは取引銀行に打診してみよう！

すでに融資実績のある取引銀行がある場合には、あなたの属性や資産背景もご存知だと思いますので、仮に東京23区で８％の利回りの新築マンションのプランを持ってきたとしたら、融資の方向性としてはどのような感じか、事前に聴いてみるとよいでしょう。

次章でお話する土地購入の際は、どうしてもスピード勝負となってしまうことが多いため、事前に融資打診しておけば、その後の融資審査がスムーズに進めやすいからです。

事前確認事項としては、次のような内容が聞けるとよいです。

▽融資金額の目安

どの程度の融資金額までなら、検討してもらえそうか？

▽必要となる自己資金割合

この段階では、通常２－３割と言われることが多いとは思いますが、物件次第ではフルローンも可能というお話もいただけるかもしれません。

▽融資対象エリア

信金、信組などは対象エリアが狭いので、東京23区でも対象となる区とそうでない区があります。

また、区ごとに評価（収益評価の際のキャップレート）を変えている銀行もありますので、評価の高い区、低い区まで聞けると、土地探しの際の指針になります。

▽融資実行タイミング

新築企画の場合、通常土地購入時、着工時、上棟時、竣工時の4回に分けて資金の払い込みが必要となるため、銀行もそれに対応して融資実行可能か、またその間は利子の支払いのみでよいか、要確認です。不可の場合は、他行でつなぎ融資が必要となりますので、そうした銀行では新築企画は困難です。

新たな銀行も事前に開拓しておこう！

融資実績のある銀行がない場合は、より具体的なプランをもとに確認してみないと、なかなか前述したような内容まで聞き取るのは難しいかもしれません。最終的に土地購入のスピード勝負に勝てないとしても、とにかく一度は具体的なプランを持ち込んで審査してもらいましょう。

仮に、そのときは融資審査に時間がかかり過ぎて買えなかったとしても、次回買付を入れた際はすでにあなたの属性審査は終わっているはずなので、今回よりもスピーディーに融資審査が進む可能性が高くなります。また、買付の際、仲介業者に対しても、前回、○○銀行で○億円の融資承認が下りたが、先に買われてしまった旨伝えることで、土地の確保をかなり有利に進めることができるかもしれません。是非、積極的に銀行開拓を進めていってください。

第3章

机上調査が最大の肝！

〔図表 3-1：　机上調査の全体プロセス〕

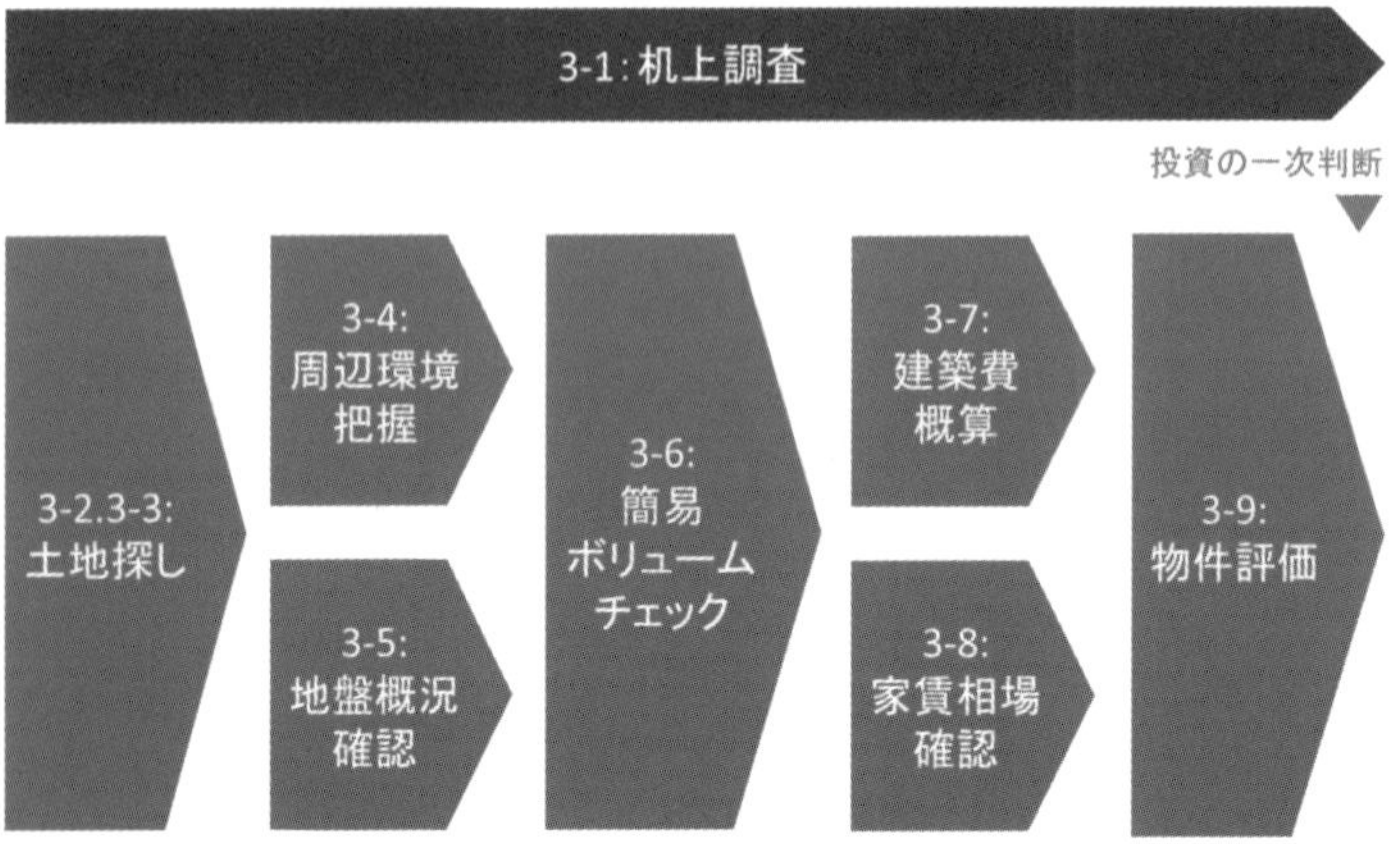

１　どんな土地を探せばよいのか

机上調査では何をやるのか

事前準備が済んだら、いよいよ新築企画するための机上調査に入ります。その第一段は土地探しです。そして候補地を探したら、その土地が本当に最強物件になるのかを一次判断するまでが、この机上調査フェーズの全体像です（図表３－１参照）。

この際、どんな基準を持って土地探しを行い、その良し悪しをどのように判断すればよいのでしょうか？

安い土地ではなく、まずは建てられる土地を探そう！

新築企画をしようとした場合、多くの人がとにかく安く土地を仕入れて安く建てれば高利回り物件が実現する、と勘違いしています。いくら格安の土地だとしてもマンション建築ができない土地なら、最強物件の候補地にはなり得ません。

通常２、３階建て程度の木造アパート建築であれば、それほど多くの規制に掛からないので、仮に道路付けの悪い非整形地であったとしても、建築士の工夫次第では大きなコストアップにならずに建築可能な場合もあります。

しかし、4階建て以上のマンション建築においては、マンション建築に適した土地でなければそもそも目指す建物が建築できず、仮に建築できたとしてもかなりのコストアップになるため収支が合わないケースが多いです。

そのため、前章の「事前準備」でお話したような建築法規やワンルーム規制、標準建築プランなどを十分に念頭に入れた上で土地探しを始めなければならないのです。

東京23区でマンション建築に適した土地の選定基準とは

東京23区でマンション建築に適した土地を探すとなると、地価が高いのでそれほど大きな土地は望めません。一方で、前面道路が広く容積率が高ければ、十分な延べ床面積を確保できます。また、東京は鉄道が網の目のように張り巡らされており、単身者のマイカー所持率は極めて低いため、主要鉄道の最寄り駅から徒歩圏であるかが重要なポイントとなります。

こういったエリアの諸事情を踏まえた上でのマンション建築に適した土地の選定基準は、次のとおりです。

《マンション建築に適した土地の選定基準》

▽用途地域➡商業地域、近隣商業地域、準工業地域

▽建蔽率／容積率➡80％／300％以上

▽前面道路の幅員➡6ｍ以上

▽間口⬇６・５ｍ以上
▽高度地区⬇３種もしくは規制なし
▽敷地面積⬇50㎡～１００㎡程度
▽徒歩時間⬇主要路線の最寄り駅から10分圏内

これらの選定基準は、あくまでも目安であり絶対条件ではありません。当然、これらの条件から外れたとしてもこの後にお話する評価基準を満たすのであれば全く問題ありません。とはいえ、なんらかの基準をもって探さないと情報を絞り込めず、時間がかかってしまいますので、一応の目安と思っていただければ結構です。

なお、この選定基準だとすぐにはイメージがつきづらいと思いますので、もっとザックリとした言い方をすれば、「幹線道路沿いの古家付き小規模宅地」を想起していただけるとわかりやすいかと思います。巻頭ページにある最強物件企画事例はいずれもこれに該当しています。

もし幹線道路沿いの古家が売りに出た場合、基本、そこに再度戸建てを建てたいと思う人は稀です。新たに新居を構えるなら、そんな騒音や公害の懸念される場所は敬遠されるからです。また、土地が広ければディベロッパーが買う可能性が高くなりますが、１００㎡以下の小規模な土地だったら、見向きもされないことでしょう。

そのため、私のような小規模なマンションを建てようという個人投資家ぐらいしか食指が動かないため、最寄り駅から近い土地でもそれほど高くない価格で買える可能性が出てくるのです。

土地の評価基準

とはいえ、たとえ十分なボリュームのマンション建築が可能だったとしても、収支が合わない土地だったら、これもまた意味がありません。

では、一体何を評価基準として土地探しをすればよいのでしょうか？

次に、一般的に用いられている基準を概観しながら考えていきます。

▽坪単価

土地価格を有効坪数で除した値です。多くの人がまずは坪単価で土地を一次評価していることと思います。参考程度に見るのは構いませんが、これは評価基準にはなり得ません。

なぜなら、土地価格が同じなら、容積率１００％の普通の住宅地も、容積率５００％の商業用地も全く同じ評価になってしまうからです。収益物件を評価するにあたり、縦に十分な高さをとって建てられる土地と、土地面積までしか建築できない土地の価値が同じになるはずがないのです。

▽1種単価

これは、先の坪単価の欠点を補うための指標です。つまり、坪単価を容積率１００％当たりの価格に換算するのです。たとえば、先の例であれば、容積率５００％の土地は、坪単価をさらに５で除した数値が1種単価になります。これによって、容積率の異なる土地を平等に評価することができるようになります。

しかし、1種単価も家賃を全く考慮していませんので、評価基準としてはまだ不十分です。仮に、同じ1種単価だったとしても、港区と足立区の土地ではとれる賃料が全く違いますので、結局この基準では収益性を正しく判断できないからです。

▽利回り

中古物件でも、まずは利回りで一次評価してから、キャシュフローや資産価値を計算して最終判断することが一般的です。であるならば、新築企画の場合でも最低限、利回りまでは計算して土地の良し悪しを一次評価すべきではないでしょうか？

駒沢マンションは、坪単価が２４０万円しました。それでも利回りは９％弱が見込めたため、検討を前に進めましたが、もし、坪単価２００万円といった基準で切り捨てていたら、この物件はちゃんと調査を行う前に見送りになっていたはずです。最低、利回りまで計算しなければ土地の良し悪しは判断できないのです。

利回り計算のためにしなければならないこと

簡単に利回りを評価基準にすべきと言いました。中古物件の場合は満室想定利回りが物件情報に必ず載っているため、一目瞭然です。

しかし、新築企画の場合は、自分で想定利回りを算出しなければなりません。そのためには、次の項目につき自分で計算しなければなりません。

▽対象地にどの程度のボリューム（戸数）の居室が何戸入るのか？
▽その場合の建築費はどの程度かかるか？
▽土地単体のコストのみならず、地盤改良コストはどの程度か？
▽想定される家賃収入はいくらか？

新築企画の場合は、これらすべてをまずは投資家自らが想定できて初めて土地の良し悪しが判断できるようになります。ここが、新築企画の最も難しいところであり、換言すれば、これさえできれば新築企画ができると断言できるほど重要なポイントとなります。

もちろん、最終的には建築会社に持ち込んで、正式な図面と見積もりをもとに判断するのですが、それには通常1～2週間程度かかってしまうため、机上調査の段階で自身で瞬時に一次判断できるか否かが、よい土地をおさえるための肝になるのです。

本書を読み進めていただければ、それぞれの調査項目につき、どういったサイトで調べ、どのような計算をすればよいかがご理解いただけると思います。

最初は難しく感じるかもしれませんが、ほとんど慣れも問題です。何度も該当サイトに飛んで必要情報を入手し、同様の計算を繰り返していけば、最終的には通勤電車の中でスマホを駆使して数分程度で計算できるようになるはずです

２　土地は必ず元付業者から買うべし

土地を仲介する仕組み

土地等の不動産の売買を行う場合、売主と買主の間に不動産業者が入って仲介を行うことはすでにご存知のことと思います。ただ、この仲介する業者が一業者だけとは限りません。通常は、売主から直接不動産の売却の依頼を受けた元付業者と、買主から買付依頼を受けてその買いニーズを伝える客付業者という２種類のプレーヤーが存在します。

元付業者自身も自ら買主を探すのですが、自社だけでは不動産情報が一部にしか流通しないため、レインズという不動産業者のみが閲覧できるネットワークシステムに載せて、不動産情報を広く流通させるのです。

元付業者に仲介してもらうべき理由

買主にとって、仲介してもらう業者が元付業者であろうが、客付業者であろうが、支払う仲介手数料には違いはありません。であるならば、特にどちらの業者に仲介してもらってもよいように思われるかもしれません。

しかし、実は次の２点において、どちらに仲介してもらうが重要な意味を持つのです。

①物件情報の精度、詳細度

私自身もこれまで幾度となく、元付業者にも客付業者にも現地で会ってその土地についての具体的な内容を伺ったことがあります。その際、相手が元付業者である場合は、一様に物件の詳細内容を把握しており、たとえば越境物の取り扱いや古家の撤去時期及び概算、売主の売却理由に至るまで十分な説明を受けることができました。

一方、客付業者はレインズに載っている情報がすべてであり、現地に来たことも実は初めて、といったケースさえありました。当然、十分満足できる情報を得られることなどありませんでしたので、正直なぜこの人に高い仲介手数料を支払わなければならないのかという感情さえ沸いてしまったこともあります。

②物件グリップ力

これは、土地をおさえる上でとても重要なポイントです。元付業者は仮に客付業者が仲介したとしても売主から仲介手数料を得ることができます。しかし、自ら買主を見つけることができれば仲介手数料を売主と買主の両方から得ることができます（両手取引）。

したがって、元付業者は何が何でも両手をとろうと考えているはずです。そんな状況の中、仮に客付業者を通じて買付依頼を出したとしても、それは直接売主には渡らず、元付業者を通じて渡されます。そのとき、元付業者によってどのような扱いを受けるかは容易に想像できます。実際、囲い込みの実態が存在することは、専門誌等でも報じられており、私自身も売主、買主両方の立場からこれに疑念を持ったのは一度や二度ではありません。ただ、ここでこのことを問題視したいわけではなく、そうした実態を理解した上で、物件を確実におさえるためには必ず元付業者を見つけ出してそこに仲介を依頼すべき、ということをお伝えしたいのです。

ではどのようにして元付業者を見つければよいのか

まずは、物件サイトの情報提供会社の欄をみると、その物件の取引態様として、「専任媒介」とか「一般媒介」とかその仲介種別が書かれていますので、そこからおおよそ判断できます。

つまり「専任媒介」とは、売主から専任で媒介を依頼されており、他の不動産業者とは重複して依頼できない媒介契約を意味しますので、間違いなく元付業者です。一方「一般媒介」と記載されていた場合は、客付業者の可能性が高いですが、売主が複数社に依頼する場合もありますので、必ずしも客付業者と断定することはできません。

私の経験上、元付業者となるのは、銀行や大手総合不動産会社の仲介専門子会社であるケースが圧倒的に多いです。逆にコマーシャル等でよく宣伝しているような名の知れた仲介会社であっても住宅専門に扱っている会社や楽待、健美家に載せている収益不動産専門の会社は、ほぼ間違いなく客付業者です。こうした取引態様や会社形態の括りで判別していけば、元付業者を見つけ出すことはそれほど難しいことではありません。

3　土地探しの際、利用すべきサイトとその活用法は

土地探しのための検索サイトにはどんなものがあるか

土地探しのための検索サイトには次のようなものがあります。

《不動産総合検索サイト》

▽ホームズ

▽スーモ

▽アットホーム

▽不動産ジャパン

《大手不動産会社のホームページ》

▽三井のリハウス

▽住友不動産販売

▽東急リバブル

▽野村不動産アーバンネット

《収益不動産専門検索サイト》

▽健美家

▽楽待
▽不動産連合体
など様々な不動産検索サイトが存在しています。

土地の検索は基本はアットホームで

これだけ不動産検索サイトがある中で、どのサイトで土地探しを行えばよいかと言えば、私のおすすめは、ズバリ「アットホーム」です。

まず情報量が圧倒的に多いです。実際、ある時点で、東京23区の土地掲載数を調べたところ、他の不動産総合検索サイトが３０００～４０００件であったのに対して、アットホームは５０００件を優に超える掲載数がありました。

また、アットホームは、基本売主や元付業者が載せるプラットホームにもなっているので、前節でお話した元付業者を見つけ出すにも好都合です。

活用法としては、検索条件を予め登録しておけば、毎日最新情報がメールで届きます。私の場合は、かなり広めに検索条件を設定しているので毎日１００件以上の新着情報が届きますが、毎日の通勤時間内に土地検索の作業は行っていました。

つまり、通勤電車の中でスマホでざっと概観し、図面等の詳細情報が必要な土地に対しては、その場でメールで問い合わせすれば、特に多くの時間をかけずに毎日継続して土地探しを行うことができます。

大手不動産仲介のホームページも活用しよう！

基本、アットホームで毎日継続的に最新情報を入手すれば、網羅的に土地探しをすることができる旨お話しましたが、ときには大手不動産仲介会社のホームページも活用したほうがより望ましいです。

ここで大手不動産仲介会社に限っているのは、それ以外の住宅や収益物件に特化しているような会社は、ほぼ間違いなく客付業者だからです。土地を売る人の立場で考えればわかると思いますが、通常自身が住んでいた古家付きの土地を売却しようとする人は、特別不動産の勉強をしているわけでもないので、収益不動産専門の会社など知る由もありません。

テレビの宣伝でよく見かけるような前述したようなメジャーの会社しか知らないため、安心感からそうした会社に持ち込むのです。

そのため、このような大手仲介会社が元付業者となり専任媒介契約を結ぶことになります。ただ専任媒介契約を行うと7日以内にレインズというネットワークシステムに載せて広く情報を流通させる義務が生じます。このため、7日経つまではなんとか両手をとろうと、自社の既存客だけに情報を流したり、自社のホームページだけに載せることが往々にして起こり得るのです。

したがって、1日でも早く元付業者の情報を入手するには、アットホームによる日々の閲覧だけでなく、こうした会社のホームページからも物件検索すると、まだそれほど広まっていないレアな情報が得られる可能性があります。

しかし、サイトが複数にまたがってしまい、かつアットホームのような自動配信機能がないサイトも多いので、あくまでも日々のアットホームでの検索にプラスして、時間的余裕がある場合に随時行う程度が忙しいサラリーマンには現実的かと思います。

収益不動産専門サイトの裏ワザ的な活用法とは

これまで、収益不動産専門サイトは、土地探しという面ではあまり有益ではないとお話してきました。では、全く見なくてもよいかというと、使い道はいろいろとあります。

まず、まだ土地探しに慣れていない人は、これまで述べてきたような土地探しのポイントをおさえたとしてもなかなか適した土地を絞り切れないかと思います。そんなときは、楽待や健美家などで土地を探すとある程度、投資に見合う土地を容易に見つけることができます。

収益物件専門サイトに載っている土地情報は、収益不動産専門会社（客付業者）がレインズに載っている数ある土地情報の中から業者の目線で投資に見合いそうな土地を絞り込んで載せているからです。さらには、設計／建築会社が具体的な建築プランを付けて、請負目的で乗せているケースも多いです。

そのため、まだ土地の探し方が十分慣れていない段階では、収益物件専門サイトを利用して、まずは業者目線で選定された土地がどんな土地なのか、単に安いだけの土地なのか、一瞬高く感じられても想定される建物が建てられれば十分収益性が高い土地になり得るのか、を検討していくことで、土地を見る目が養われていくと思います。

特にプラン付の土地情報は、その建築プランを取り寄せてみれば、その土地にどんな建物が建つのかがわかり、より土地探しのイメージを具体化させることができるようになるはずです。

しかし、このサイトに載せている業者はほぼ客付業者なので、もし十分な利回りが確保できそうな土地だと思ったら、その土地情報をもとにアットホームで検索し直してみてください。基本レインズから引っ張ってきただけの土地なので、アットホームを見ればかなりの確度で元付業者が判明します。

元付業者がわかったら、迷わず元介業者を経由して詳細な土地情報（測量図等）を入手するようにしましょう。前節で述べたとおり、元付業者と直接繋がることが、土地の詳細情報を入手し、確実に土地をグリップすることに繋がるからです。

4　販売図面等を入手し、ウェブ上で周辺環境を概観しよう

気になる土地があったらまずは資料請求してみる

アットホーム等の検索サイトで検討を進めたい土地が見つかったら、まずは元付業者に物件資料

〔図表 3-4 ①：　販売図面（駒沢マンションの土地）〕

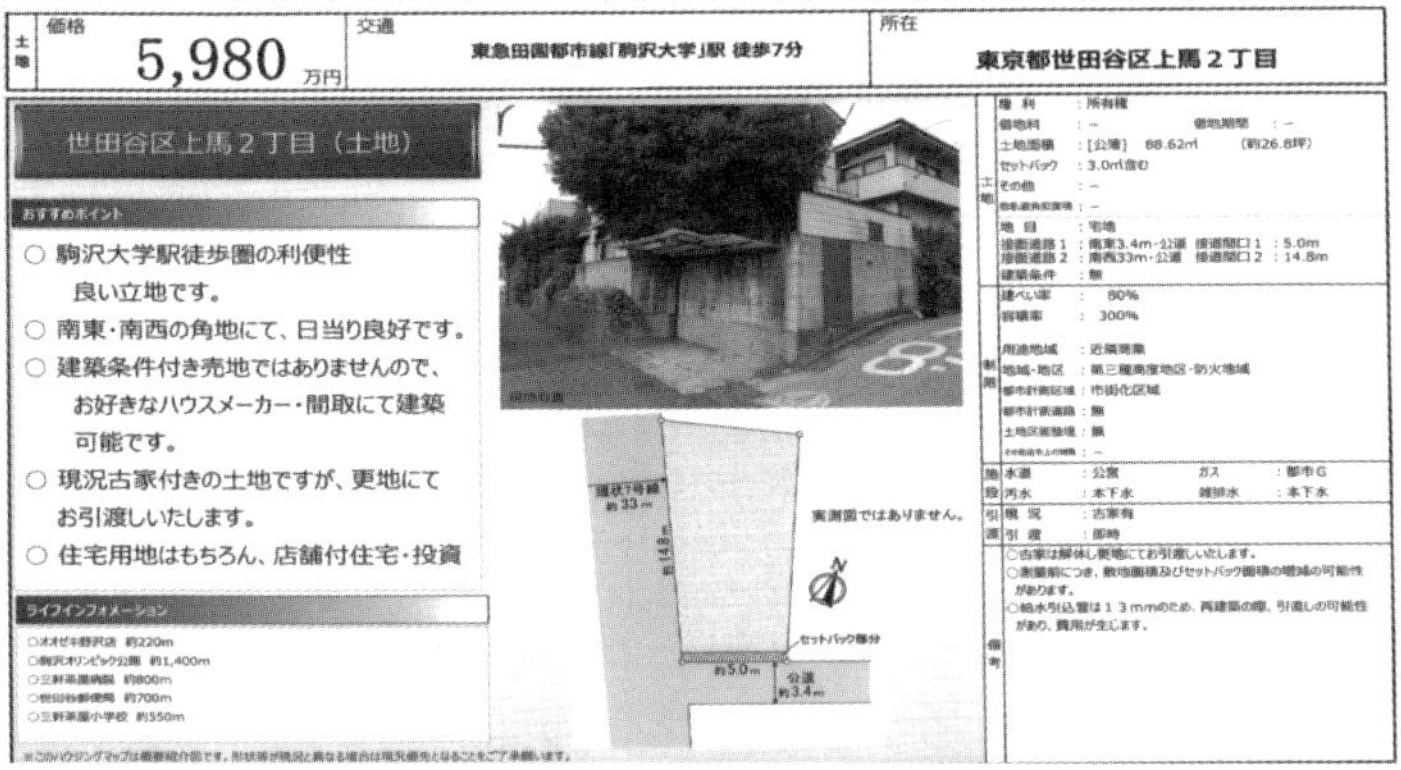

を請求してみましょう。とりあえず気になった程度の物件は、メールの問い合わせ機能を使って依頼すれば通常は当日中には送付してもらえるはずです。

しかし、メールでの問い合わせだと真剣味が伝わらず、住所表示のない販売図面のみが送られてくることもありますので、〝これは〟という感触があれば、すぐ電話して資料を送付してもらいましょう。

この後の簡易ボリュームチェックを自身で行うためには、最低、次の資料が必要になります。

《簡易ボリュームチェックする上で最低限必要な資料》

①販売図面

図表３‐４①は、駒沢マンションを建築する際、取り寄せた販売図面です。物件所在地は途中までの記載しかありませんが、実際には手書きで追加してもらっています。また、サイトと重複する内容も多いですが、各種規制の有無や引渡条件などサイトに

〔図表 3-4 ②：　グーグルマップでチェックするポイント〕

①駅からの歩行時間	やはり徒歩１０分以内が１つの目安です。単身向け賃貸物件を検索する際、１０分を超えると極端に検索数が減少するからです。
②平坦な道のりか、急な坂道などないか	グーグルマップを使った歩行時間は、単純に距離だけで換算しているため、坂道がある場合、実際の時間は大きく異なります。
③商店街やコンビニなど生活する上でのインフラが揃っているか	駅から１０分以内の距離であっても、駅から全くコンビニさえないような場所ではさすがに賃貸付けに苦労します。
④物件に高低差がないか	たまにかなり割安な物件だと思って周辺状況を見てみると、古い擁壁に囲まれた土地だったりすることがあります。この場合、擁壁のやり直しや土留め工事によって割安な土地価格以上にコストがかかってしまう可能性があります。

書かれていなかった内容も追加で記載されている場合もあります。

②測量図

確定測量図はなかったとしても実測した結果があれば、早めに入手しましょう。公簿面積とかけ離れているケースもあり得ます。

③登記簿謄本

現在の所有状況や担保の有無など分かれば指値の可否判断にも役立ちます。

グーグルマップで物件の周辺概況を把握する！

物件所在地がわかったら、まずはグーグルマップを使って最寄り駅からの経路や周辺環境を概観してみましょう（図表３－４②）。

特に駅からの歩行時間は、不動産業者によっては少なめに記載されている場合もあるので要チェックです。

以前と違って現地調査しなくとも、グーグルマップやストリートビューを使えば大体のことがわかるので、机上調査の段階でほとんどの物件をスクリーニングすることができるようになりました。

このため、手あたり次第に現地調査を行う必要はなくなり、机上調査を通過してほぼ買付の意思が固まった物件だけを追加調査すればよくなりました。数多くの物件を迅速に判断するため、机上調査の重要性は非常に高いといえます。

5　地形と近隣の地盤調査結果から地盤の概況を把握する

地盤の状況を事前に把握することの重要性

マンション建築に適した土地探しを行う上で、候補地の地盤の概況を事前に知っておくことは非常に重要なことです。なぜなら、地盤の良し悪しによって、地盤改良コストが大きく異なるため、これを計算に入れておかないと、土地の評価基準である利回り計算に大きな影響を及ぼすからです。

ちなみに、最強物件企画事例で言えば、城南エリアに位置する世田谷区、大田区の物件は地盤改良コストがゼロだったのに対して、城東エリアに属する台東区の物件では、支持層まで35ｍもの杭を打ったため、この地盤改良コストだけでなんと１２００万円もかかってしまいました。

もし、城東エリアは割安な土地が多いからといって地盤改良コストを無視して計画していたら、後でとんでもない目に合うところでした。こうした意味からもやはり土地は、一次評価だとしても坪単価や一種単価では判断すべきではありません。建築コストや地盤改良コストまで含めたトータルコストを見積もった上で利回り計算する必要があります。

西高東低の地形

図表３‐５①は、東京都の地形図です（出展：ジオテック社）。丸い円で囲った部分がおおよそ

〔図表 3-5 ①：　東京都の地形の特徴〕

（出典：ジオテック株式会社）

東京23区を示していますが、西側と東側で明らかに地形が異なっていることがわかります。

都心から西側の城西、城南エリアは、主に武蔵野台地の上に位置しています。武蔵野台地は、標高20ｍ以上、10万年以上も前に形成された古い地質であるため、概ね地盤が良好です。

一方、都心から東側の城東、城北エリアは、海や河川に近く、低地に位置しています。この東京低地は標高も低く比較的新しい土地であるため、その大部分は地盤が緩く、関東大震災のときも大きな被害を被ったエリアです。

実際に地盤調査を行ってみない限りは、正確なことは言えませんが、こうした東京の地形の特徴から地盤の概況を把握しておけば、大きく外すことはないと思います。

特に城東エリアの土地を検討する際は、必ず地盤も考慮して計画を進めていきましょう。

〔図表 3-5 ②：　世田谷区の地盤〕

（出典：ジオテック株式会社）

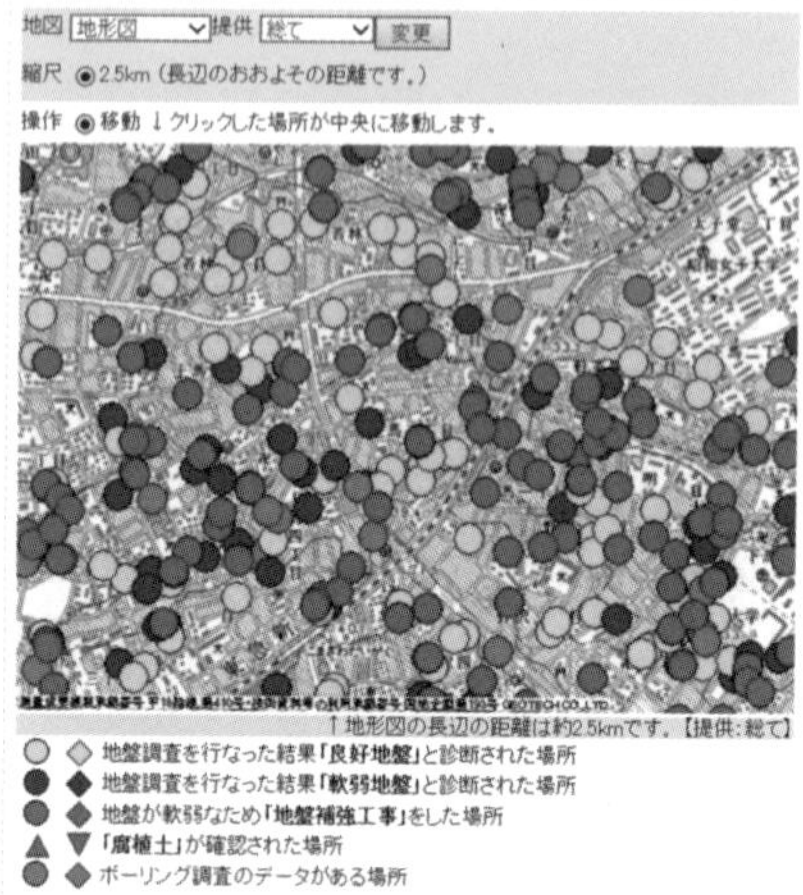

〔図表 3-5 ③：　台東区の地盤〕

（出典：ジオテック株式会社）

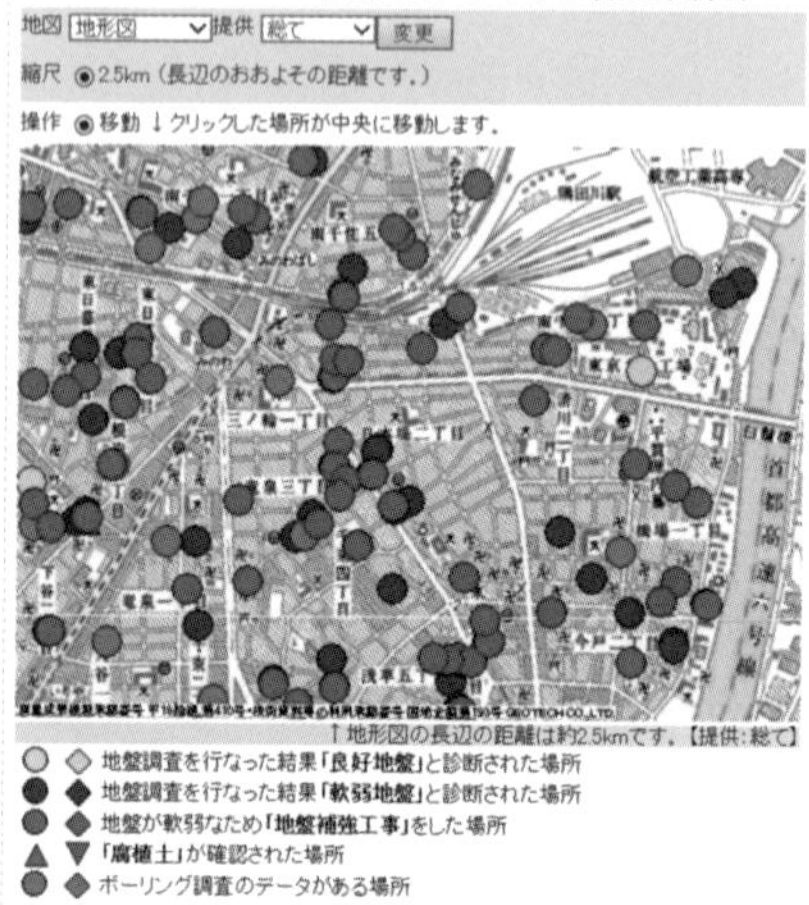

近隣の地盤調査結果を確認する

さらに踏み込んで候補地の地盤の状況を把握するためには、近隣で地盤調査した結果を確認するとよいでしょう。

インターネットで住宅地盤情報を参照するためには〝ジオダス〟を使えば、「軟弱地盤マップ」を無料で閲覧することができます。

http://www.jiban.co.jp/geodas/index.htm

図表３‐５の②と③は、世田谷区の物件と台東区の物件の周辺マップです。白黒だと少しわかりづらいですが、世田谷区の地盤は良好な地点と軟弱な地点がほぼ半分程度であるのに対して、台東区は一地点を除きすべて軟弱地盤であったことを示しています。

ただし、このマップからもわかるように、すぐ隣の土地でも地盤の良し悪しが全く異なるケースもあるので、やはり地盤調査後でないと概当地の正確な状況はわかりません。

地盤改良の工法によって大きくコストが異なる

さらに、区役所の建築課に行けば、近隣のボーリング調査結果を閲覧、コピーすることができます。その結果から支持層が深さ何メートルのところに存在するか把握することが可能です。

支持層とは、建物を支えることのできる強固な地層のことです。この支持層の深さの程度により、図表３‐５④のような地盤改良の工法が必要となります。

〔図表 3-5 ④：　地盤改良工法と概算コスト〕

▷表層改良工法	支持層が２ｍ以下程度であれば、コンクリートなどを混ぜ込むことで地盤強化を図れます。かかるコストは当然土地の広さによってかわりますが、３０坪ぐらいの土地であれば１００万円～２００万円程度で考えておけばよいかと思います。
▷柱状改良工法	支持層が８ｍぐらいであれば、支持層と地表との間にコンクリート製の柱をつくって地盤強化を行います。建築会社に事例をヒアリングした結果、４００万円～８００万円程度かかるとみています。
▷鋼管杭工法	支持層が４０ｍぐらいまで深い場合は、鋼鉄製の杭を数本打ち込み支持層と地表との間に鉄柱を築いていく工法です。こちらも建築会社にヒアリングしたところ、1,０００万円から1,５００万円ぐらいはみておくべきとのことでした。

台東区の物件は、近隣のボーリング調査結果から、30ｍは裕に超えるレベルに支持層が存在することが事前にわかっていました。そのため、建築予定会社に概算コストを確認したところ、１０００万円～１５００万円ぐらいはみておくべきとの回答を受けました、実際１２００万円かかってしまいましたので、やはりこのくらいは見込んでおいたほうがよさそうです。

繰り返しになりますが、この地盤改良コストは金額的なインパクトが大きいため、事前に見込んでおかないと、あとで計画倒れに終わるおそれがあるので要注意です。

6　自分で建物の簡易ボリュームチェックを行うには

なぜ自分で簡易ボリュームチェックができるようになる必要があるのか

ボリュームチェックは、候補地にどの程度の建物が建つか、どのくらいの大きさの部屋が何戸入るか想定することです。通常、ボリュームチェックは、建築士に依頼して実施してもらいます。なので、建築士によるボリュームチェックを取り止めて自分で行うということではなく、あくまでもその前段階として自身でも簡易的なボリュームチェックが行えるようにすべきだということです。

建築士にもよりますが、通常ボリュームチェックには、コストも時間（通常1～2週間程度）もかかります。もちろん、建築会社によっては、販売経費として無償で対応してくれる会社も多いのですが、あまりにも粗雑な案件ばかりだと、そのうち対応してもらえなくなってしまいます。実際には、内部的に相当なコストを使って対応してくれているのですから仕方ありません。

このため、まずは自分で簡易的なボリュームチェックを行い、精度の高いものだけを建築士に依頼すべきです。また、もっと重要な理由は、前述したとおり、候補地が最強物件になり得るか否か判断するには、結局利回り計算をしてみないことには判断できないからです。

利回り計算をするためには、ボリュームチェックを前提とした建築コストの概算見積もりが必須となるため、これができないと、土地をみてその良し悪しを判断するスキルがいつまでたっても身につかないのです。

その意味では、新築企画を行う上で、一番の肝と言ってもよいかと思います。

簡易ボリュームチェックのための検討手順

ここでは、駒沢マンションの販売図面を例に、私がどのように簡易ボリュームチェックを行ったか、その手順と検討内容を概観してみます。

①建築可能面積の算出

（88・6㎡−3㎡）×80％＝68・5㎡

資料請求の際、まだ測量図が出来上がっていなかったため、販売図面の公簿面積とセットバック面積から、建築可能面積を算出しています。

なお、角地かつ防火地域のため、建築基準法上は建蔽率１００％が可能ですが、実際には最低30～40ｃｍ以上は隣地と離さないと足場が組めないため、建蔽率の80％をそのまま使用しています。

②ワンフロアに入る部屋数

東京23区の土地では、通常間口がネックになってワンフロアに入る部屋数を出すことが多いのですが、今回の土地は間口14・８ｍと十分ですのでこの観点は無視します。

なので、単純に建築可能面積をワンフロアに入れる戸数で割った際の１戸あたりの居住面積が賃貸付けの面から妥当か否かで判断してみます。

なお、共用廊下／階段部分は、検討している建築会社の標準プランから８㎡としています。

（68・５㎡－８㎡）÷２戸＝30㎡／戸　➡収益性の面でＮＧ
（68・５㎡－８㎡）÷３戸＝20㎡／戸　➡バランスがとれているのでＯＫ
（68・５㎡－８㎡）÷４戸＝15㎡／戸　➡狭小すぎて賃貸付けに難があるためＮＧ

一般的に家賃は部屋の大きさに比例して高くなるわけではなく、徐々に逓減するため、同じ面積ならできるだけ小さな部屋を多くつくったほうが収益性は向上します。

しかし、あまりにも狭すぎると賃貸付けが困難となる可能性があるため、ここでは、20㎡の部屋を３戸入れるプランを採用しました。

③高さ制限の観点から、何階建てまで建築可能か

当該地は、高さの制限としては、道路斜線、3種高度の面で規制を受けます。このうち、道路斜線は環七沿いで33mも道路幅がありますので、全く問題ありません。残る3種高度は、高さ10mまで立ち上がってからの規制になりますので、少なくとも4階建てまでなら建築可能です。

5階建ても完全な形では難しいかもしれませんが、北側を一部削る程度なら建築できる可能性があります。

④容積率の観点から、何階建てまで建築可能か

当該地の容積参入面積の最大値は次のとおりです。

(88・6㎡—3㎡)×300%=256・8㎡

これをワンフロアの容積参入面積で割ると

256・8㎡÷(68・5㎡—8㎡)=4・2階

となりますので、4階建て止まりです。

しかし、当該地は環七通りから奥に向かって1m以上高くなっており、自然に半地下が造れる地形でした。つまり、エントランスは道路面とほぼフラットな状態を保ちつつも、奥に向かって掘っていく必要があるため、最下層は平均地盤面からみて地下となる可能性が出てくるのです。

事前準備の1‐3でみたとおり、半地下にすれば延べ床面積の1/3までは容積率不算入とできるため、5階建て（建築基準法上では、地上4階、地下1階建て）が可能となります。

⑤総居室数

ワンフロア３戸×５階建て＝15戸

ただし、１階にはエントランス部分が必要です。

また、ワンルーム条例によって、世田谷区の商業系地域では、３階建て以上で40㎡未満の住戸が15戸以上で規制にかかってしまいます（図表２‐４①参照）。

そのため、１階エントランスとして１戸分割いて、最大14戸なら建築可能となります。ただし、この段階では正確にはわかりませんが、５階北側は３種高度によってある程度削られるため、13戸となる可能性も想定しておくべきでしょう。

こうした簡易ボリュームチェックによる検討の結果、「20㎡程度の住戸が、最低13戸は造ることができる」というのが、この時点で私が出した結論です。

同じ立地でも、建て方によって収益性は大きく異なる

この検討結果をもって、建築士に建て方の方向性を打診すれば、基本それに沿った形でボリューム図面を作成してくれるはずです。おそらく投資家がそこまで検討して具体的な思いを伝えなければ、半地下にしてまで５階建てをつくるようなプランは出てこなかったと思います。

実際、本物件の周辺の環七沿いの建物は、同じ立地にも関わらず、３階建てか４階建てがほとんどです。特に、もともと住んでいた地主が住宅メーカーに建てさせた（建てさせられた）と思われ

る賃貸併用住宅は、みな3階建て止まりです。

そもそも住宅メーカーは鉄骨3階建ての規格でしか賃貸併用住宅をもっていない場合が多いので、こうした建て方に落ち着いているのかもしれません。

地主だからそれでも収支上の問題はないのかもしれませんが、私達のように土地から仕入れて建築する場合は、ギリギリまで土地を有効活用できるプランを練らない限りは、賃貸経営が成り立ちません。

土地の坪単価が240万円、建築坪単価が95万円と、いずれもそれほど安いとはいえない数字でありながら、最終的には利回り8・8%を実現できたのは、こうした建て方を最大限まで工夫した点が1つの大きな要因となっています。

7　建築費を概算してみてみよう！

事前に候補となる建築会社にヒアリングしておこう

候補となる土地が決まって、ボリュームチェックも自分で行うことができたとしても、概算レベルの建築コストが見積もれなければ意味がありません。

このとき重要なのが、2章の事前準備でお伝えした完成物件見学会や建築会社への訪問を行った際、事前に把握した建築坪単価や戸当たり単価のヒアリング結果です。事前ヒアリングできていなかった場合でも候補地が見つかったら、とにかくそれを持って一度は建築会社に訪問してプラン（ボリューム図面と概算見積もり）を作成してもらってください。

それをしておけば、次回からはその単価を使って自身でザックリした概算値を出すことができるようになります。とにかく机上調査の段階では正確性よりも迅速性が重要です。最強物件に成り得るような土地はすぐに売れてしまうことが多いのです。

建築費概算の事例

田園調布マンションの建築を依頼した会社は、事前のセミナーやヒアリングから戸当たり６５０万円（25㎡程度の標準仕様ベースの場合）を基準に考えればよい旨、確認済みでした。しかし実際に見積もりをとったところ、特段のコストアップ要因もなくこの水準を上回っていました。このため、交渉したところ、この水準まで値引きしてもらうことで合意できました。事前に諸々の条件を詰めておけばそれを交渉材料にすることも可能になります。

また、山谷マンションの建築をお願いした会社には、以前一度建築プランを作成してもらったことがありました。そのときもらった見積書は至ってシンプルな1枚ものでした。見積もり項目が20項目程度でそれぞれの単価が記載されていたため、あとは数量として、建築面積か戸数を入力すれば自動的に計算できるものでした。

そのため、簡易ボリュームチェックで算出した建築面積と戸数を当てはめたところ、容易に概算金額を出すことができました。正式な最終見積もりとも大きな差異は生じませんでした。

一方、駒沢マンションを設計・建築してもらった会社は、これらとは真逆でした。最終的にもらった見積書は100ページにもおよぶ超大作で、部品一個一個の単価と数量まで記載されているような詳細度だったため、とても概算目的に使える代物ではありませんでした。

そのため、この会社の建築費を概算する際は、同程度規模の直近の建築坪単価の実績を聞いて、それを使って想定しています。時期や物件規模が異なれば、坪単価は全く当てになりませんが、条件を合わせた事例をベースとすれば、大きなブレはなくなるはずです。

このように、一律、RCなら坪単価いくらとか大雑把すぎる計算をするのではなく、候補の建築会社を事前に探しておいて、そこに詳細なヒアリングをかけて、彼らが考えている方法で建築費を概算することは、大きな差異を生じさせない（精緻な計画をつくる）上でとても重要なことです。

8　近隣類似物件の家賃相場を把握しよう！

収益性把握のため家賃相場を確認する

候補物件の収益性を把握するためには、近隣の類似物件から家賃相場を確認することが必要です。また、この家賃相場を確認することで、そのエリアの賃貸需要の強さを把握することができます。

つまり、家賃相場が高ければそれだけそこに住みたいというニーズが高いことがわかるのです。

賃貸需要の強さを図るには空室率をみることも考えられますが、実際に東京23区の空室率をみると、あまり意味がないことがわかります（図表３‐８①参照）。

地価が高く、将来的な成長も見込めている都心の千代田区、中央区、目黒区の空室李が際立って高くなっているのです。これをもって、これら３区は賃貸需要の低い不人気なエリアと思う方はまずいないと思います。おそらくは、この３区は地価が高すぎるため、家賃を高く設定せざるを得ない結果、相当数の空室が生じてしまっているものと推察します。

そのため、賃貸需要の強さを把握する上でも、候補地の家賃相場を知ることはとても重要なのです。

家賃相場の把握はホームズを使おう！

土地検索は、最も物件掲載数の多く元付業者を見つけやすいアットホームをメインで利用することは前述したとおりです。一方、家賃相場を把握するためには、断然ホームズがおすすめです。なぜなら、家賃相場を把握するための条件設定のパラメータが最も豊富だからです。図表３‐８②では、ホームズでデータを絞ることのできる具体的なパラメータを記載しています。

スーモではこのうちの①～③、アットホームは①と③しか抽出条件を絞り込むことができないため、正確な家賃相場を把握することが困難です。データの絞り込み条件のパラメータが豊富なホームズであれば、かなり類似した物件に絞り込んだ上で家賃相場が把握できるので、より正確なデー

〔図表 3-8 ①：　東京２３区の賃貸用住宅の空室率〕

（出典：HOME'S 見える！賃貸経営）

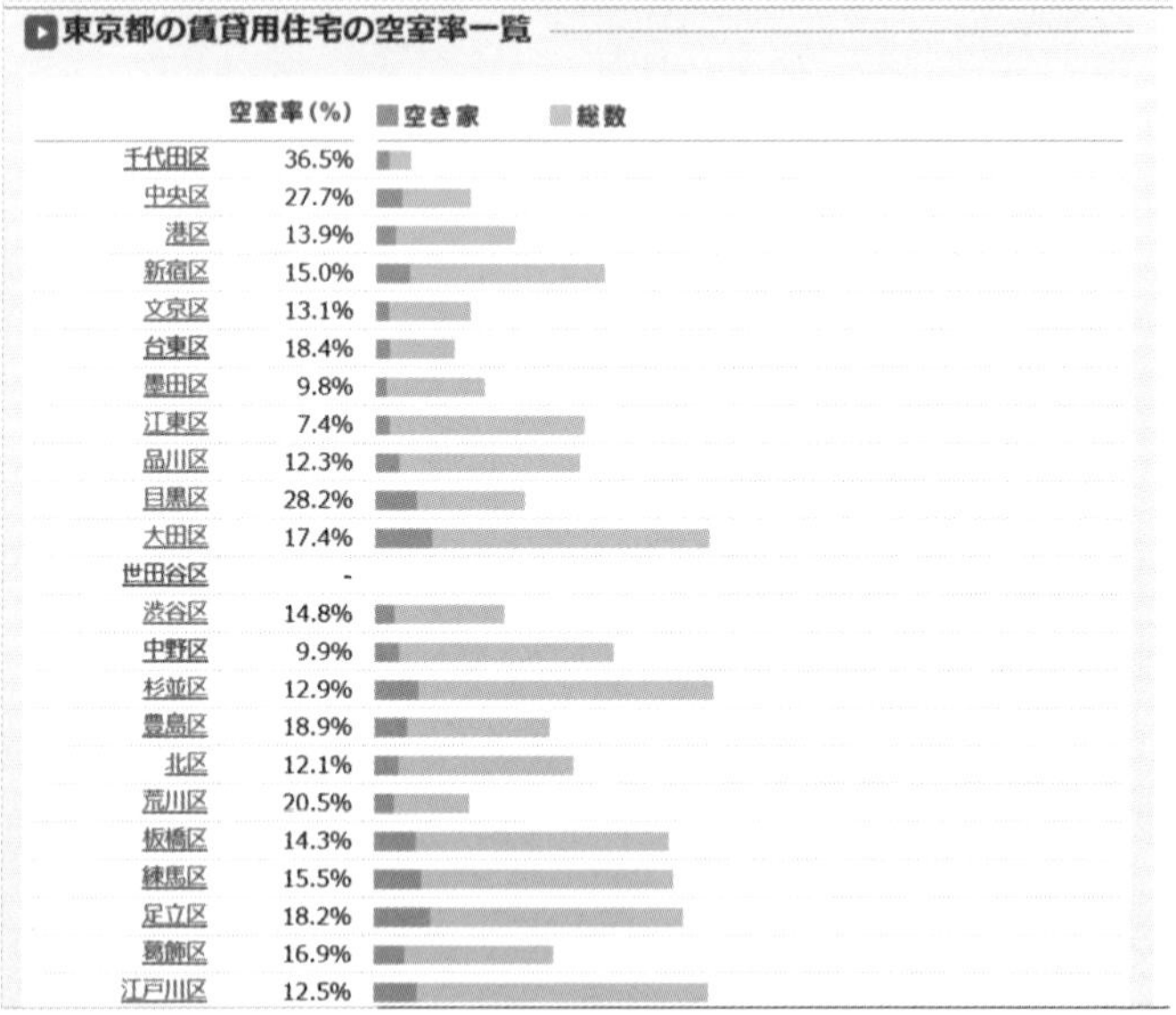

〔図表 3-8 ②　ホームズで条件設定可能なパラメータ〕

①路線／駅
②物件種別（マンション、アパート、戸建て）
③部屋タイプ（ワンルーム、１Ｋ、１ＤＫ等）
④専有面積（５㎡間隔）
⑤駅徒歩分（５分間隔）
⑥築年数（５年間隔）
⑦人気のこだわり条件（バス／トイレ別、室内洗濯機置場、オートロック等）

〔図表 3-8 ③：　東急田園都市線沿線の家賃相場〕

（出典:HOME'S家賃相場）

タが得られるのです。特に東京23区は掲載されている物件数が豊富ですので、あまり例外データに引きずられることなく統計値の信憑性は高いと考えられます。

このように不動産検索サイトにもそれぞれ長所、短所がありますので、どれか1つに固執する必要はなく、その目的に応じて最適なサイトを使い分けるのがよいでしょう。

プラン付き物件の想定家賃には要注意！

ときどき、業者のプラン付物件でも東京23区で7%を超えるなかなか利回りのよい物件を楽待等で見かけることがあります。一瞬、驚いて詳細資料を取り寄せてみたことがありましたが、その家賃設定には、とても信憑性を感じられませんでした。ホームズの家賃相場と比較して2～3割も想定家賃を高く設定していたのです。

業者に問い合わせてみると、防音仕様にしているため、相場より高く貸せるという回答でしたが、果たしてそれだけで本当に2～3割も高く貸せるのでしょうか？　たとえば近くに音大があるとか、閑静な住宅街の中にあるような場所なら、そうした差別化した貸し方も功を奏するかもしれません。

しかし、該当物件は私の台東区の物件と同じ山谷にありました。正直、このエリアでわざわざ相場よりも2～3割も高くても借りたいというニーズは私には見い出せません。

これはあくまでも一例に過ぎませんが、実際の入居者がいない新築プラン付き物件の場合、想定家賃をイジればいくらでも見せかけの高利回り物件は創り出せます。

自身で新築企画する際は、希望的な観測で高い家賃を設定したところで、後でそのツケが廻ってくるだけですので、できるだけ適正な家賃を想定することが肝要です。

9　利回り計算を実施して、投資の一次判定を行う

これまで算出した計算要素をもとに利回り計算する

利回り計算は、分子に満室想定家賃、分母に総投資額を置いて計算するだけなので、計算自体はとてもシンプルです。また、これに必要な計算要素は、ここまでにすでに概算値を算出済みですので、これらを当てはめさえすれば、利回り計算を行うことができます。

《利回り計算のための必要となる計算要素は、次のとおり。》

▽土地代
▽地盤改良費
▽建築費（設計費含む）
▽満室想定家賃

なお、古家付きの土地（更地渡しでない土地）の場合は、これら以外に古家解体費も分母の計算要素として概算値を計上する必要があります。木造の低層建築物であれば、机上調査の段階では

１００万円～２００万円程度とみておけばよいでしょう。

投資の一次判断は、利回り8%を超えるかを基準とする

これまで、利回り８％の新築マンションが利回り相場との乖離によって大きな含み益を得ることができる。そして継続的に賃貸事業を行う上では最も重要なキャッシュフローも、十分期待できる旨、述べてきました。そのため、私は基本、利回り８％を基準として、投資に見合う土地か否かを一次判断しています。

もちろん、さらに精緻に物件評価を行うためには、短期、長期のキャッシュフロー計算や長期の資産評価なども必要になってきますが、それらは計画フェーズで最終判断する際に行えば十分です。まずは物件を確実におさえることが重要で、机上調査はスピードが命です。机上調査は遅くとも土地情報を知った当日中には完了させることが望ましいでしょう。

基準値はエリアによって調整する

ただ、東京23区に限定しているからと言っても、区によっては利回り相場にはかなりの隔たりがあります。図表３‐９①に示したように、利回り相場が最も低い（したがって最も利回り相場で還元したときに価値が高くなる）港区の利回り相場は、４・１％であるのに対して、最も利回り相場の高い江戸川区は６・７％と、実に２・６％もの開きがあります。

そのため、これまで私が投資してきた世田谷区、大田区、台東区を含む最多の区が属するBグループ（利回り相場が5％台）では、基本8％を基準として考えていますが、Aグループ（利回り相場が4％台）では7％、Cグループ（利回り相場が6％台）では9％を判断基準にしています。それは、利回り相場と最低2％以上のGAPをつくっておけば、十分な含み益が期待できますし、仮に利回り相場が上がっても（物件価格相場が下がっても）、逆ザヤにならないだろうと考えているからです。

さらに、区別を細分化して駅別に利回り相場を調べてみると、より候補地の実際のパフォーマンスがわかります。

たとえば、コンサル案件で新築した南千住マンションは、荒川区に位置していますが、最寄り駅は南千住駅です。先と同じ「楽待の利回り相場」で最寄り駅別にみてみると、南千住駅は5・7％ですから、区としてはCグループですが、もっと的を絞ったエリアでみると、実際にはBグループ相当の実力のある土地だということがわかります。

南千住駅は、北千住駅ほどはメジャーではありませんが、日比谷線、JR常磐線、つくばEXの3路線が乗り入れており、とても通勤・通学に便利なエリアです。そのため、荒川区という大きな括りで評価すると9％の利回りが必要ということになってしまいますが、より詳細なエリアに絞って南千住駅周辺としてみれば、8％の利回りがあれば十分だと判断したのです。

このように、その土地が本当に投資に見合う土地か判断するためには、よりエリアを細分化してその妥当性を判断することが肝要です。

〔図表 3-9 ①：　東京２３区における一棟賃貸マンションの利回り相場〕

出典：楽待「利回り相場」

Aグループ	一棟マンション
港区	4.1%
渋谷区	4.6%
目黒区	4.8%
品川区	4.8%

Bグループ	一棟マンション
新宿区	5.1%
中央区	5.4%
文京区	5.5%
世田谷区	5.5%
中野区	5.5%
杉並区	5.6%
豊島区	5.7%
隅田区	5.7%
大田区	5.8%
江東区	5.9%
千代田区	5.9%
台東区	5.9%

Cグループ	一棟マンション
練馬区	6.0%
北区	6.2%
足立区	6.2%
葛飾区	6.4%
板橋区	6.5%
荒川区	6.6%
江戸川区	6.7%

〔図表 3-9 ②：　駒沢マンションの一次判定結果〕

計算要素		単価	数量	金額
土地取得費				¥59,800,000
地盤改良費	鋼管杭			¥0
	柱状改良	¥150,000	25坪	¥3,750,000
	表層改良			¥0
建築費（設計料込）		¥900,000	103坪	¥92,700,000
古家解体費		¥50,000	20坪	¥1,000,000
その他（バッファ）				¥3,000,000
コスト計				¥160,250,000
満室家賃	1R(20㎡)	¥88,000	14戸	¥14,784,000
利回り				**9.2%**

【前提/想定内容】

土地取得費：仲介手数料は中古物件同様、利回り計算には含めない

地盤改良費：地盤は悪くないはずだが、RC5階建てなら最低柱状改良は必要と想定

建築費（設計料込）：事前の建築会社へのヒアリングの結果、坪単価90万円と想定

施工床面積：85㎡×80%×5階建て÷3.3=103坪

満室家賃：ホームズ家賃相場より、20㎡の1Rなら8.8万円と想定

【一次判定結果】

Bグループの基準値である利回り8%を超えるため、一次判定ＯＫ。検討を前に進める。

第4章

現地調査を行って机上調査結果を補完する

〔図表 4-1 ①　現地調査の全体プロセス〕

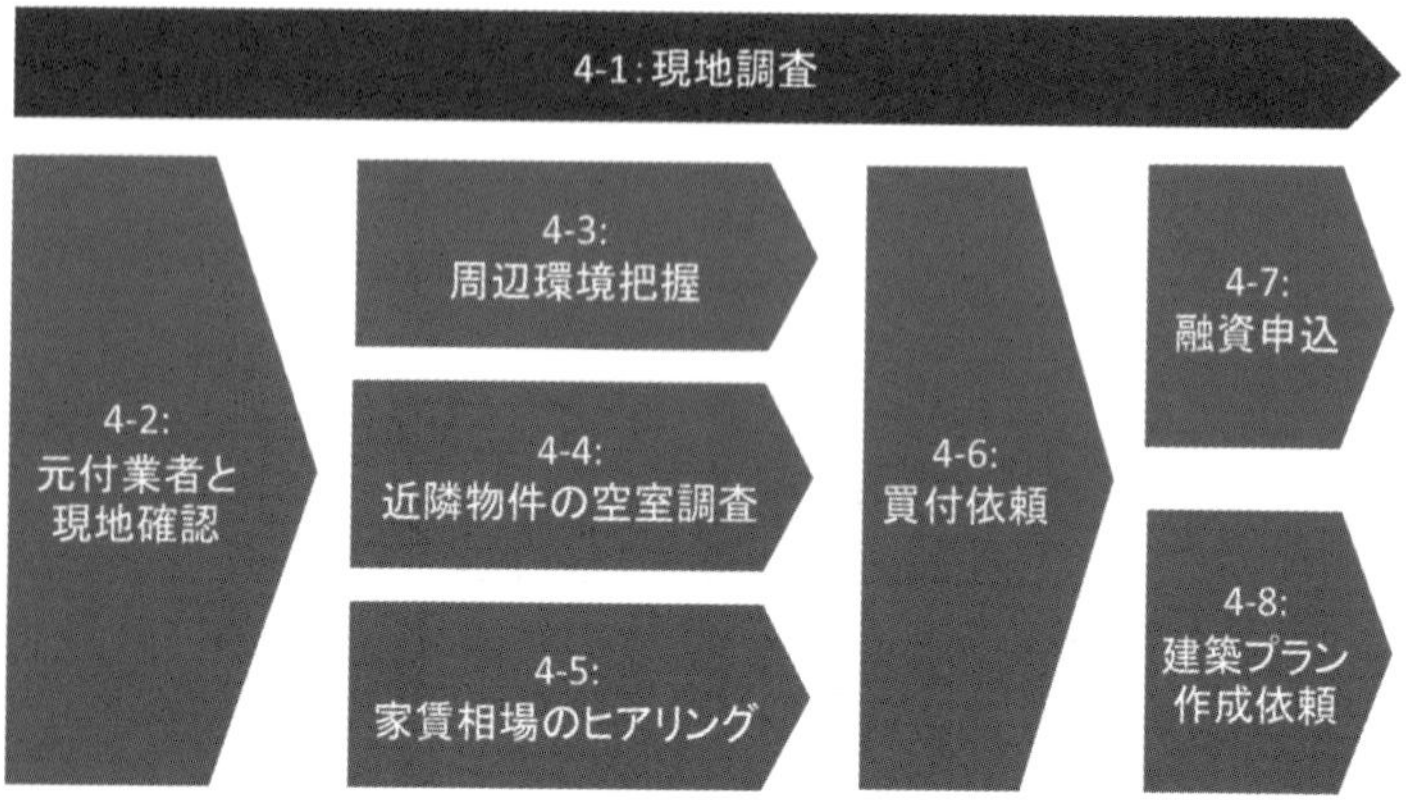

１　現地調査の目的とゴールとは

現地調査の目時は何か

現地調査の目的を一言でいえば、机上調査で行った結果を現地で検証することです。すなわち、机上調査の段階で想定していた土地の状態や建て方、賃貸需要の強さなどを実際に現地に行って確認することによって、必要に応じて机上調査の結果を補正していくわけです（図表４‐１①参照）。

また、現地調査を行う段階に至ったということは、裏を返せば机上調査は概ね良好だったということを意味しますので、基本的には買付けを出す意思を持って、現地での確認作業にあたります。

したがって、この現地調査のゴールは、買う意思が完全に形成され、買付依頼を出すことにあります。

現地調査で行うべきことは

図表４‐１②では、買付を出すまでに現地調査で実施すべきタスクを示しています。

ただし、買付が現地調査の最終ゴールだからといって、こうした検証作業のすべてが完了しなければ買付を出すべきではないというわけではありません。よい物件であればあるほど、その獲得はスピード勝負になりますので、物件の状況に応じて、適切なタイミングで買付を出せばよいです。

ちなみに、駒沢マンションの土地買付の際は、地元でよく知っている土地だったこともあり、実

〔図表 4-1 ②　現地調査で実施すべきタスク〕

①元付業者と現地で実地確認を行う
②周辺を散策してエリアの特性を把握する
③近隣の競合物件の賃貸状況を調査する
④地場の賃貸仲介業者へのヒアリングを行う
⑤買付依頼書の提出する
⑥銀行を訪問して融資申込みを行う

〔図表 4-2 ①　現地調査で確認すべき内容〕

▷境界杭の確認、隣地境界確認書は入手済みか？
▷越境物はないか？越境している場合、越境に関する確認書はとっているか？
▷販売図面に記載されていない地域固有の建築規制はないか？
▷古家がある場合、更地渡しの交渉は可能か？
▷古家の解体可能な時期と概算コストは？
▷どの種類の測量図（地積測量図、仮測量図、確定測量図）が交付されるか？
▷売主の状況と売却理由は？
▷引渡時期はいつか？
▷その他特段の事情はないか？

は机上調査が終わった段階で、すでに買付の意思は表明していました（正式に買付依頼書を出したのは、現地で仲介業者と会ったときですが）。一方、山谷マンションの際は、机上調査段階ではその地域性と地盤にかなり問題を感じていたため、すべての現地調査を完全に完了した後で買付依頼を提出しています。

2　元付業者と現地調査を行って信頼関係を築こう！

なぜ元付業者と一緒に現地調査する必要があるのか

机上調査の際、物件住所を確認しているので、現地調査は自分1人で行うこともちろん可能です。しかし、それでは現地に行って感じた不明点をその場で確認することができませんし、仲介業者と面識をもって懇意になることもできません。そのため、現地調査は必ず仲介業者同伴のもと実施する必要があります。

ただ、前述したとおり、単なる客付業者の場合は、物件の詳細情報を事前に掴んでいないことが多いので、一緒に現地で会ってもほとんど意味がありません。私もこれまで何度か客付業者と現地で会ったことがありますが、こちらからの質問にほとんど回答することができず、とてもフラストレーションを感じてしまいました。販売図面に書いてある情報しか持っていないのであれば、会う意味は全くありません。

したがって現地調査は、売主から直接土地の売買の依頼を受け、事前に物件調査を行い、売主の意向も十分理解している元付業者と一緒に行うようにしていきましょう。

現地調査で確認すべき内容とは

では、現地ではどんなことを確認していけばよいのでしょうか？　机上調査ですでに把握している内容は最低限度に留め、現地でしか把握しづらい点や対面で確認したほうがよい事項等に絞って確認すべきです。具体的には、図表4－2①のような内容を確認するとよいでしょう。

元付業者と信頼関係を築こう！

現地調査を元付業者と行うもう1つの重要なポイントは、この機会に元付業者と信頼関係を築くことにあります。仮に一番手で、買付を入れられたからといって、必ずしも物件をおさえてもらえるとは限りません。ローン特約付きでの買付が前提であるならば、あなた自身が本当に買う意思があり、買える人だと認識してもらえなければ、もっと属性の良い人が優先されることになってしまうかもしれません。

私はこれまで売主の立場になったことも何度かありますが、売主や仲介業者にとって、ローン特約付きで1か月以上も物件を拘束された後、融資が通らず解約となるのが最悪のシナリオです。そのため、買付順といった法的拘束力のない暗黙のルールなど遵守されるはずはないと考えておくべ

〔図表 4-2 ②　元付業者へのアピールポイント〕

▷建築イメージが具体的になっていること	建築プランや賃貸の見込みなど机上調査の結果を伝えるとともに、それをベースとした確認事項をヒアリングしていくことで、当物件への取り組み姿勢と本気度が伝わるはずです。
▷不動産投資の経験	特に新築企画を過去行った経験などを話せるのがベストですが、それ以外でも不動産投資の経験が豊富であるならば、その実績を伝えることで、実行可能性を見込んでくれるかもしれません。
▷金融機関との事前相談内容	具体的な銀行名を挙げて、どの程度の融資枠が見込めるかなど、多少ハッタリでもいいので融資の見込みが話せると、実際に買える人だと認識してもらえる可能性が高まります。

〔図表 4-3 ①　周辺散策を行う際、確認すべきポイント〕

▷歩行時間は販売図面やグーグルマップの調査結果と同程度か？
▷コンビニやスーパーなどの生活インフラは整っているか？
▷坂道や細い道など歩行困難な場所はないか？
▷お墓やゴミ収集場のような嫌悪施設はないか？
▷外灯の状況など、夜道が暗すぎることはないか？
▷騒音や排気ガスなどの問題はないか？

きでしょう。

逆に、もしあなたの計画に信憑性があり、買えそうな人だと元付業者が認識してくれたなら、仮に一番手でなくても物件をおさえてもらえる可能性が出てきます。そのため、現地調査の結果、本当に土地を買いたいという確信に至ったのなら、図表4－2②のような内容をアピールして、元付業者との信頼関係を築くよう努めましょう。

高い収益性が見込める土地には、当然複数の買付が入ります。現金買いが入ってしまったら仕方ありませんが、そうでない場合は、いかに元付業者と信頼関係を築くことができるかが、ライバルに優先して土地をおさえるための重要なポイントとなります。

3 周辺を散策して、エリアの特殊性を正確に把握する

駅から物件までの動線を歩いてみよう

行ったことのない町であっても、机上調査の際、事前にグーグルマップで確認しているので、ある程度の雰囲気は掴めているはずです。

ただし、グーグルでの歩行時間は単に80ｍ１分で換算しているだけなので、途中の信号待ちなどを含めるともっとかかってしまうかもしれませんし、常に最新状態がアップされているわけではないので、お店など様変わりしている可能性もあります。

そのため、必ず最寄り駅から物件までの動線は自分の足で歩いて確かめてみましょう。その際、図表４‐３①のようなポイントを確認するとよいでしょう。

もちろん、決してこれらすべてをクリアしていなければダメだというわけではありません。必ず１つや２つの弱点はあるはずなので、それを明確化した上で、その弱点をカバーできるか考えてみましょう。

駒沢マンションは、環七沿いで２４６にもほど近い場所にありましたので、正直、騒音や排気ガスはとても気になりました。でも単身者向けの住戸を前提として、極力防音性能の高いペアガラスやサッシを使ったり、浴室乾燥機を設けて外に干す必要をなくしたりすれば、大きな問題ではないと考えました。

一方で、コンビニなどの生活インフラが物件の近くにない場合は、物件単体の努力ではどうにもできないため、かなり入居付けに苦労すると想定すべきでしょう。私は駅まで行かなければ何も揃わないような場所は基本見送るようにしています。

エリアの特殊性を把握する

東京23区と一言にいっても、それぞれのエリアには大きな特徴があり、特別異彩を放つエリアというものが存在します。

山谷マンションが位置する場所はまさしくそんなエリアでした。実は私はこのときまで、このエリアのことを全く知りませんでした。そのため、机上調査の結果、8％後半の利回りが期待できることがわかり、喜び勇んで現地へ向かったところ、あまりにも異質な空気感に、一種のカルチャーショックさえ受けてしまいました。

ストリートビューは、できるだけ人を写さないようにしていますので、住んでいる人の特徴や雰囲気までは伝わってこないのです。

「山谷」という場所は、以前は建築現場で働く日雇労働者が多く集まっていたドヤ街だったようですが、現在はその労働者の高齢化に伴い、高齢の生活保護者がひしめき合って暮らしているエリアです。その一方、外国人観光地として人気の高い浅草にも割と近いため、最近では外人のバックパッカーが安い宿を求めてやってくるようになり、この全く異色の層が同居している感じで、一種独特の世界感を醸し出しています。

この物件はかなり極端な事例ではありましたが、やはり百聞は一見に如かずということで、現地調査してみないとわからないことも多いのです。

4 近隣競合物件の賃貸状況を確認してみよう！

物件周辺の需給関係を把握する

机上調査では、該当する駅の周辺でかなり類似の物件に絞り込んだ家賃相場を確認していますが、同じ駅5分圏内でも駅の反対側では全く賃貸状況が異なるケースもあり得ます。そのため、現地調査では、さらにピンポイントで近隣の競合となりそうな物件を見つけ出し、その賃貸状況を確認していくことが肝要です。

台東区の山谷マンションは、机上調査の段階では土地値の割りにはかなり高い家賃相場でした。最寄りの南千住駅の家賃相場は、最近人気急上昇中の北千住駅よりもなんど1万円以上も高い水準です（図表4―4①参照）。

ただ、駅の反対側は通常の住宅地だったため、もしかするとその家賃相場に引っぱられて高くなっているだけという可能性もあります。そこで、念入りに物件周辺の賃貸物件を調査してみました。周辺は、古い簡易宿所と新しいビジネスホテルがほとんどを占め、賃貸マンションはあまり見かけません。

しかし、数少ない賃貸マンションはかなり新しいものが多く、ほぼ満室状態でした。また、家賃も山谷だからといって決して低くはなく、むしろ物件数が少ないため高い家賃水準をキープしている状況だったのです。

現地調査を行った結果、南千住駅は、３線が乗り入れていて交通の便がよく、物件周辺は商店街、スーパー、コンビニが豊富で生活インフラが整っており、さらに賃貸マンションの供給が少ないため、不動産投資する上では全く問題ないエリアだとわかりました。

初めて現地を訪れた際は、その異様な雰囲気に呑み込まれてしまいましたが、あくまでも賃貸事

〔図表 4-4 ①：　日比谷線沿線の家賃相場〕

（出典：HOME' S家賃相場）

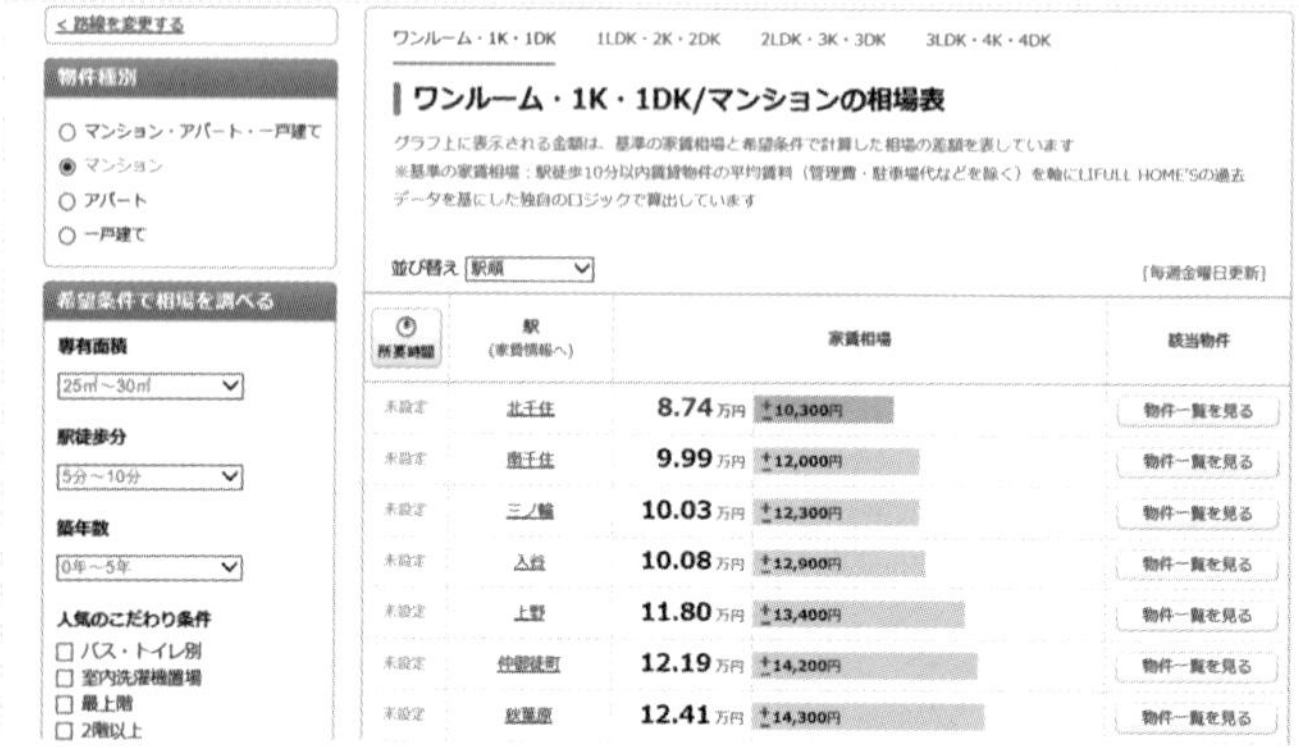

業を行っていくことを前提に客観的に判断すべきと再認識しました。自分が住みたいとは到底思えない場所でしたが、賃貸経営を行う上で集めたデータはここまで全く問題ないとの結果を受け、検討を進めることにしたのです。

近隣の競合物件から建築のヒントを掴む

一方、世田谷区の駒沢マンションの場合は、地元でもあり、エリアの特性や賃貸マンションの需給状況はすでにわかっていました。世田谷区は、台東区と異なりそのほとんどが住宅地で、商業系の土地は、駅周辺か幹線道路沿いぐらいしかありません。そのため、そのわずかな場所では、ビルやマンションの建築ラッシュの様相を呈していたものの、全体としては賃貸マンションの供給はまだまだ十分ではないといえるエリアです。

そのため、このときは別の観点で周辺物件を改めてみてみることにしました。それはどんなタイプの賃貸マンションが存在し、どんな間取りが有効かという視点です。

視察の結果、大きく次の３つのタイプに区分できることがわかりました。

①大型の高層賃貸マンション
②地主が住宅メーカーに建てさせられた低層の賃貸併用マンション
③収益系建売業者が建てた低層賃貸マンション

このうちの①②は全く競合しませんので、やはり意識すべきは③となります。候補地のすぐ近くにも業者が建売したと思われる狭小の４階建て壁式ＲＣマンションが建っていました。間取りは18㎡のワンルームが８戸で１部屋８・８万円程度の家賃でしたが、満室でした。ほぼ私が机上調査段階で想定していた建て方と一緒でしたので、かなり計画の実現性に自信を持つことができました。

候補地は、幹線道路沿いの角地だったので、この物件よりも日当たりがよく、部屋の広さも20㎡程度で若干広くなるため、同じ家賃水準なら絶対負けることはないと思ったのです。

このように、現地調査はあくまでも机上調査を補完する位置づけであるとはいえ、実際に物件の周辺状況の調査や競合物件の調査を行ってみることで、賃貸需給の確認のみならず、有効な建て方や入居者ターゲットを把握する上でも有用な情報を入手することが可能となります。

あくまでも、机上調査を通過した一握りの物件でよいので、必ず現地調査も行って、より実効性の高い企画づくりに役立てていかれることを推奨します。

5　必要に応じて、地場の賃貸仲介業者へのヒアリングを行う

現地での賃貸仲介会社へのヒアリングは必須か

すでに机上調査の段階で、家賃相場の確認はサイトを使って大枠は把握済みです。前述したとおり、ホームズを使えば、企画する物件とかなり近似した物件に絞り込んだ上で、相場家賃を把握することができます。

特に東京23区は地方と比較して物件数が圧倒的に多く例外的なデータが埋没するので、その統計データの信憑性はかなり高いはずです。

このため、現地調査の段階で、さらに地場の仲介業者にヒアリングする必要性はそれほど高くないと言えます。特に土地勘のあるエリアでは、しっかり机上調査を行っていれば、必ずしも必須とはいえないでしょう。駒沢マンションでは、地元の駅で賃貸状況も掴んでいたので敢えて実施することはしませんでした。

一方、山谷マンションの場合は、全く土地勘もなく、かなり特殊性のあるエリアでしたので、サイトでの家賃相場を前提として、地場の仲介業者へのヒアリングを実施しました。

現地ヒアリングは、必須ではないものの、オプション的な位置づけとして、必要に応じて実施すればよいでしょう。

地場の賃貸仲介業者へはどんなヒアリングの仕方をすべきか

新築企画を始めた初期の段階では、私はあまり机上調査を十分せず、地場の賃貸仲介会社に飛び込んで、物件近くの家賃相場をヒアリングしていました。しかし、聞く人によって言うことがバラバラで、かえってわからなくなってしまったことがあります。おそらく、私のヒアリングの仕方が漠然としていたため、受け手も的確な回答ができなかったのでしょう。

先にも述べましたが、地場の賃貸仲介会社へのヒアリングは、十分な机上調査の結果を受けて実施しなければなりません。つまり、建物の構造、部屋の大きさ、間取り、完成時期などを明確化した上で、サイトで調べた家賃相場を伝え、その家賃で問題なく貸せるか、ピンポイントで確認すべきです。

たとえば、山谷マンション建築に向け、地場の賃貸仲介会社にヒアリングしたところ、想定している家賃相場で貸すことはできるが、治安が悪いので防犯面には細心の注意を払った仕様にしなければ賃貸付けに相当苦労するだろうとのアドバイスを受けました。

そのため、オートロックはもちろんのこと、防犯カメラ４台、二重のエントランス、近隣の建物の上層階からも進入できないような柵を設けるなど、かなり厳重な防犯体制を敷いたところ、ファミリー層にも安心して入居してもらうことができるようになりました。

このように、机上調査での結果を受け、大枠での状況を掴んだ上で、ピンポイントで聞きたい情報を入手するためには、地場の賃貸仲介会社へのヒアリングも有効な手段となり得るのです。

6　購入意思が固まった段階で買付証明書を提出する

買付証明書とはどんな意味をもつものなのか

買付証明書とは、不動産を購入する際、仲介会社経由で売主に購入する意思を伝えるための書面です。あくまでも不動産業界の慣行として取り交わされるものなので、これを出したからといって法的な拘束力が生じるものではありません。

しかし、よく買付証明書は法的拘束力がなく、買付順で売主との交渉権が得られるという認識のもと、大して検討もしていない段階で、とりあえず買付証明だけは出しておくといった手法がとられるケースを見受けますが、あまり意味のある行為とは思えません。

買付証明書は法律上の書類ではないので、買付順で処理しなければならないという決まりがあるわけではなく、以前はそういった慣行があったということに過ぎないからです。

実際、私は売主としての立場でも何度か元付業者と関わった経験がありますが、一度も買付順で交渉順位を決めたことなどありません。売主、元付業者の立場からすると、一番怖いのは途中で契約が頓挫することです。

そのため、法的な拘束力のない買付順など全く無視して、本当に買う意思があり確実に買える人なのか見極めた上でその人を最優先にしたいというのが偽らざる本音なのです。

このため、買付証明書を出すタイミングも慎重に考える必要があります。最も慎重に行うなら、設計／建築会社の建築プランと見積もりが確定し、精緻な事業計画が完成した段階、つまり新築企画が一通り完了した段階ということになります。しかし、買付を出すまでにそこまで時間を要してしまっては、さすがに売却済みとなってしまっていてもおかしくありません。

そこで、私は、机上調査によって大枠のプランと利回り計算を終え、現地で元付業者と打合せをして机上調査結果の裏付けがとれたと判断した段階で、買付証明書を提出するようにしています。元付業者と信頼関係が築けた後に買付証明書を提出すれば、現金買いが現れない限りはかなり高い確度で物件をおさえることができるはずです。

買付証明書にはどのような内容を盛り込めばよいか

買付証明書は法的な書面ではないので、決まった書式、記載事項があるわけではありません。以下では、特に重要な事項に絞って記載ポイントを説明していきます。

▽購入希望金額
▽支払条件
▽買付条件
▽融資特約の有無
▽融資特約の期限

購入希望金額で指値を入れるべきか

買付証明書には、必ず購入希望金額を記載する欄があります。ここで、安易な指値や空欄は絶対避けるべきです。満額の買付が入れば確実にそちらが優先されてしまうからです。ここは元付業者に探りを入れながら慎重に決定する必要があります。私の場合、満額で計算して利回り８％を超える物件のみを検討しているため、基本、満額で記載するつもりで臨みます。

しかし、この段階で元付業者からこの人は本当に買う意思があり買える人だと認識してもらえていると、逆に指値しますか？　と提案されることもしばしばあります。おそらく売主からいくらまでなら指値ＯＫという条件を事前に引き出しているのでしょう。

そのときは、指値の限界値を教えてもらいその金額を記載すれば、難なく通ることが多いです。大田区と台東区の土地では、このやり方でそれほど大きな金額ではないものの（１００万円と３８０万円）、指値に成功しています。

ここでのポイントは元付業者と信頼関係を築いているからこそ、指値もできるということです。客付業者が相手だとこうした情報を知ることもできませんし、仮に満額で入れても元付業者によって後順位にされてしまうおそれもあり、買えないことが多いです。

支払条件記入上の注意点

支払条件とは、どのタイミングでいくら支払うかを明記するものです。通常、契約締結時に手付金を支払い、残金は物件引渡し時に支払う形となります。ここで、手付金をいくらに設定するかがポイントです。一般には買付金額の１～２割程度と言われていますが、実際のところは１００万円程度の場合が多いようです。しかし、あまり安すぎても売主に本気度が伝わらないと契約までたどり着けないため、私は買付金額の５％程度を１つの目安にしています。もちろん、その土地に対する意気込みによって金額は増減します。

買付条件にはどんな内容を記載すべきか

買付条件とは、たとえば、古家付きの場合更地渡しとして欲しいとか、測量図がない場合は確定測量を売主側の責任の元に実施するといった買付の前提条件を記載するものです。以前、こうした条件を細かく記載して買付証明書を提出したことがありましたが、通りませんでした。

売主の立場からすれば、最初からいろいろと条件をつけてくる人より、条件なしの人を優先したいと思うのは当然です。細かい条件は、後からでも十分交渉可能ですので、買付の段階では空欄でもよいと思います。

融資特約を付けても問題ないか

融資特約とは、売買契約の際、もし融資が通らなかった場合は白紙撤回できる契約条件をいいます。そのため、融資特約付きより融資特約なしのほうが、買付が通る可能性がずっと高くなるのは間違いありません。

しかし、よほど資金的に余裕のある人以外は、融資特約なしで契約するのはリスクが高すぎます。やはり融資特約は必ずつけるようにしましょう。

融資特約はつけざるを得ませんが、それでも確実に融資は通ると受け取ってもらえるよう、融資予定の銀行名、支店名、建築資金まで含めた融資金額をしっかり記載するようにしましょう。

計画がしっかり考えられているとわかれば、融資特約付きでもそれほどマイナス要因とはならない場合もあります。買付が通るかどうかも、机上調査の精度に関わっているのです。

融資特約の期限はどのくらいが妥当か

その融資特約の期限ですが、昨今の銀行の融資審査の期間を考慮すると本来は2か月ぐらいとっておきたいところです。しかし以前、私はそれが理由で買付が通らなかったことがあります。売主からすれば、2か月も待って白紙撤回されたのではかなわない、と思ってしまうのは仕方ないことでしょう。

そこで、買付証明書にはまずは1か月程度の期限で記載しておくのがよいと思います。もし、実際に融資審査に時間がかかってどうしても1か月では間に合わない状況になった場合は、改めて覚書による融資特約期間の延長を申し出てみましょう。売主としても契約を締結し1か月も待った段階で破棄したくはないので、大抵了承してもらえるはずです。実際、私もこれまで3回ほど覚書による融資特約期間の延長を了承いただいています。

7　銀行を訪問して、融資申し込みを行う

現状用意できる資料を取り揃える

買付依頼を提出したら、すぐに融資申込みに必要な資料を揃えましょう。「事前準備」の段階で個人の属性情報や法人の決算書などはすでに取り揃えて銀行に提出しているか、提出していないまでも手元に保持しているはずです。ここでは、それ以外の今準備できる検討物件の各種資料を取り揃える必要があります。

この段階で、取り揃えることのできる物件関連資料は次のとおりです。

①販売図面
②登記簿謄本
③測量図
④買付証明書
⑤家賃相場（ホームズ家賃相場の写し）
⑥計画概要書

ここで、①～③までは、元付業者から入手可能です。また④と⑤については、これまでの説明を受けて、自身で準備できると思います。

正式な融資審査を行う上では、設計／建築会社が作成した建築プラン及び見積書が必要となりますが、まだこの段階ではできていないと思いますので、それに代わる簡易的な計画概要書が必要です。端的に言えば、机上調査結果をまとめた資料で、最低限、次の内容が記載されていればワードやエクセルで簡単に作成した程度でよいと思います。

▽建物の構造（ＲＣ５階建てなど）
▽延床面積
▽部屋タイプと戸数（20㎡のワンルームが13戸など）
▽各住戸の想定家賃（ホームズ家賃相場から抽出）
▽建築費用概算（自身で算出した超概算）
▽利回り

事前準備で面識を持った銀行を訪問しよう

この段階で、融資申込を行うのは、融資特約期限があるためです。そのため、訪問する銀行もこのときはじめて面識をもつようでは遅いです。すでに融資実績のある銀行ないしは、「事前準備」で一度訪問して個人属性の審査などはすでに済んでいる銀行に持ち込むのがよいでしょう。残念ながら初めて訪問する銀行で、今回は間に合わなかったとしても次の物件の際は迅速に動いてもらえるよう、複数の銀行にあたっておくことをおすすめします。

第5章

物件コンセプトの適否が
その後の賃貸経営に
大きな影響を及ぼす

〔図表 5-1　物件コンセプト策定の全体プロセス〕

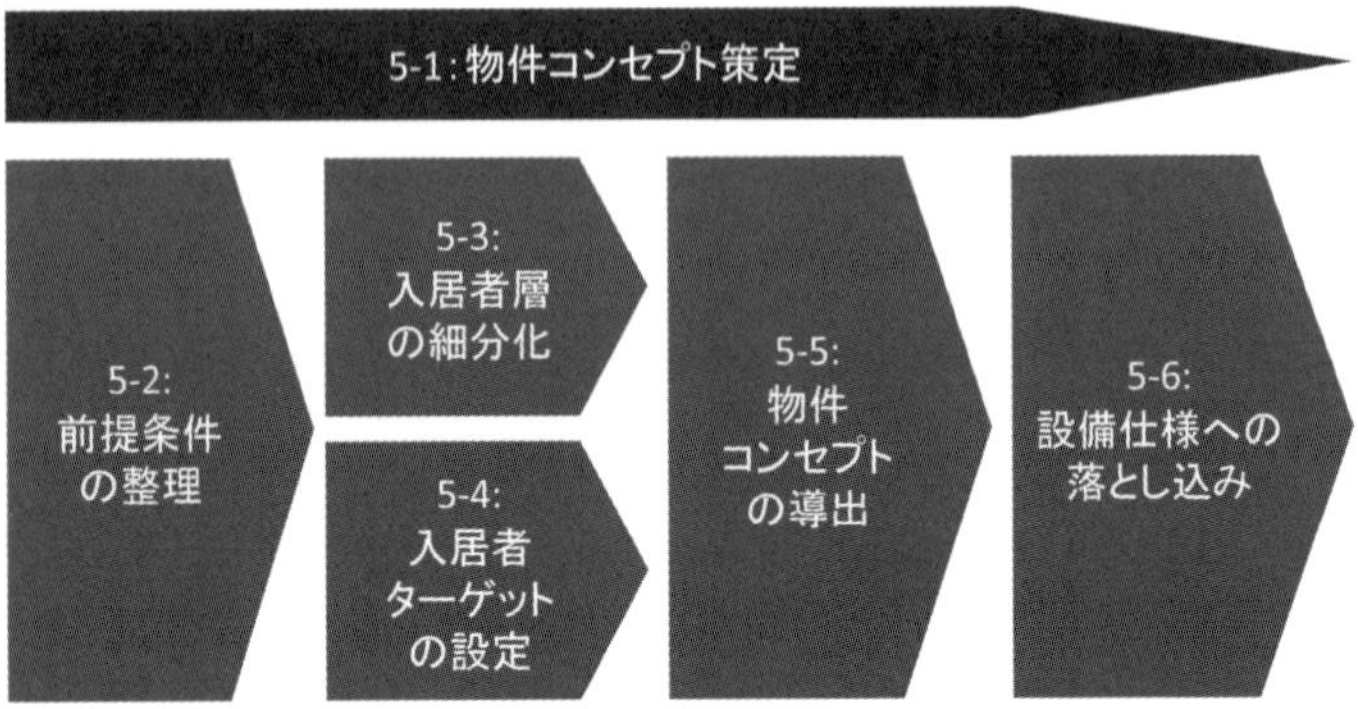

1　魅力的な物件コンセプトを策定することの重要性を知る

なぜ物件コンセプトを策定する必要があるのか

新築なら容易に満室することができるというのは過去の話です。それは、相対的に空室率の低い東京23区に特化していても同じことです。

ここまでは、特に投資家目線から十分な利回りが確保できるような土地の選び方と建て方（居室の大きさや戸数）を検討してきました。しかし、いくら投資家にとって計算上は高利回り物件ができあがったとしても、入居者のニーズに応えられていない物件をつくってしまったら、とても満室経営を望むことなどできません。

机上／現地調査で把握したエリアの特徴と物件の立地上／建築上の制約事項を十分考慮して、それに見合ったコンセプトを打ち立てる必要があるのです（図表５‐１参照）。

横浜アパートの失敗事例

以前、私は横浜で新築の建売アパートを購入したことがありましたが、新築であるにも関わらず、入居付けには本当に苦労しました。

それは、建売業者が横浜の中心エリアで成功したモデルをそのまま他のエリアの物件にも転用してしまったため、エリアの特性によってはその物件コンセプトが噛み合わず、入居者ニーズに応えられていなかったからです。

もう少し具体的にいうと、その物件は横浜といってもかなり外れの緑豊かなエリアにありました。駅から平坦で7分ほどで行けるのですが、そこまでコンビニどころか一軒も店舗がないようなところです。そうであるならば、静かにゆったりと暮らしたい人をターゲットとして、間取りや設備仕様に落とし込むべきです。

しかし、かなり都会的な仕様（スタイリッシュな外観、18㎡でロフトなし、バルコニーなし、シャワーブース）に仕上げてしまいました。このため誰をターゲットとしたコンセプトなのか全く不明瞭であったため、どの入居者層からも敬遠されてしまったのです。

このように、自ら新築企画する際は、候補地のエリアの特性や建築上の制約事項を念頭において、ターゲットとなる入居者層を選定し、そのニーズを汲み取って物件の基本コンセプトを策定し、設備仕様まで落とし込んでいく必要があります。

この間の整合性が十分にとれていない物件をつってしまうと、横浜アパートのような企画面での失敗作ができてしまいます。

そして企画の失敗はすべて後工程の賃貸運営（入居付け）にしわ寄せがいってしまい、長きに渡って苦労する結果を招いてしまうのです。このため、魅力的なコンセプトづくりとその整合性の確保が極めて重要な意味をもつのです。

２　コンセプト策定する際の前提条件を整理する

前提条件として考慮しなければならないのはなぜか

このフェーズでは、エリアマーケティングを行って、入居者ターゲットとそのニーズを汲むコンセプトを打ち出すわけですが、何の前提条件もなしにこれを進めてよいわけではありません。

もし、無尽蔵にお金を使って、単に満室経営が実現できればよいのであれば、最も人気のあるエリア（恵比寿とか自由が丘とか）で、供給が足りていない間取り（広めの１ＬＤＫとか）を選定すればよいだけです。

しかしそれでは、本来の目的である事業（投資）としてのリターンを十分に得ることができません。事業（投資）である以上は、まずは十分なリターンが得られるエリアを選定し、その中でできるだけ高い利回りを確保できる建て方（間取りや居室の大きさ）を考えなければ意味がないのです。

そのため、ここで行うコンセプト策定は、机上調査の段階で利回り確保の観点から設定したエリアの特性と建て方といった制約事項をどのような工夫を凝らして解決することができるかを決定する工程だと言ってもよいでしょう。もしその弱点を埋めるコンセプトが打ち出せないなら、机上調査の段階で企画した内容は絵にかいた餅であり、これ以上はこの企画を進めるべきではないということを意味するのです。

エリアの特性を前提条件として考える

まずは選定したエリアの特性を前提条件として考える必要があります。3-8では、山谷エリアで家賃相場より2～3割も高い防音仕様の高級マンションがプラン付きで販売されている事例をお話しました。

山谷というエリアはこれまでもお話してきたとおり、現在では高齢となった生活保護受給者がドヤと呼ばれる安宿にひしめき合って暮らしている特殊なエリアです。そうしたエリアに本当に高級志向の賃借人が敢えて住もうと思うでしょうか？　私は到底はそうは思えません。

そうした低所得者層が集まるエリアであれば、これを前提とした上でお得感の高い居住空間、割安な家賃、使い勝手と機能性を重視した設備仕様、といった方向で考えない限り、満室経営は実現できないでしょう。

このように、エリアの特性を無視して創り手の論理だけで物件づくりを進めるのは大変危険です。エリアの特性は変えることのできない前提として受け入れた上で、適切な方向性を見出していかなければならないのです。

建築上の制約事項も前提条件として考えなければならない

前述したとおり、机上／現地調査では、十分な利回りが確保できるような企画を練っているはずです。一般的に居室の広さは狭いほど利回りは高くなる傾向にあるため、狭小物件をつくったほうが収支上は有利となることが多いです。しかしさすがに15㎡にも満たないようなバブル期に乱立した物件を建ててしまうと、入居付け、ひいては売却の際にも影響を与えてしまいます。そのため私は最低18㎡は確保したいと考えています。逆に言えば、最低18㎡以上あれば、物件コンセプト次第では十分に一定の入居者ニーズに応えられると考えます。

つまり、利回り確保の観点からこうした狭小物件を企画するのであれば、絶対に適切な入居者ターゲットを設定した上で、そのニーズを汲むようなコンセプトを工夫しなければならないということです。この広さで、ごく普通のどこにでもあるような標準仕様のマンションをつくってしまったら、すぐ価格競争に陥ってしまい、想定した利回りを確保することは困難なものとなってしまうでしょう。

以下の章では、私が新築企画した駒沢マンションと山谷マンションを例にとって、前提条件、入居者ターゲット、コンセプト設定、設備仕様といった一連の流れを具体的にお話していきます。

3　入居者層を細分化してみよう！

なぜ入居者ターゲットを絞る必要があるのか

入居者ターゲットは広く設定したほうが、どんなタイプの人にも嫌われないため、入居者が付きやすいようにも思えます。しかし、近年入居者のニーズは実に多様化していますので、どの層にも焦点を当てていないような中途半端な物件は誰からも支持されないため、すぐに過当競争に巻き込まれてしまいます。その結果、新築であるにもかかわらず、賃貸付けに苦戦したり、家賃の値下げに応じなければならない事態に陥ってしまうのです。

新築建売や中古物件では、すでに設定されたターゲットのもと物件が出来上がってしまっているので、今更入居者ターゲットを新たに設定することは基本できません。もし適切なターゲットを設定せずにつくり手の論理だけで建ててしまった場合は、入居付けの段階で様々な工夫を凝らすことで、なんとか満室経営を目指すしかありません。

企画はほんの数日間頑張ればよいだけですが、賃貸運営は保有している間ずっと続くのです。競争力の高い物件を創り上げるために適切な入居者ターゲットを設定することは、実は新築企画の特権です。新築企画をする以上は、せっかく手にしているこの特権を無駄にせず、魅力的なコンセプト策定のために、まずは適切な入居者ターゲットの設定を真剣に検討していきましょう。

入居者層を細分化する際の観点とは

入居者ターゲットを設定する際、まずはどんな入居者ターゲットが想定できるか、市場を細分化（セグメンテーション）してみましょう。たとえば、シングルかファミリーか、学生か社会人か、といった識別を想起されるかと思いますが、それだけでは十分ではありません。近年の多様化した入居者ニーズを見極めることができないからです。

次のような複数の切り口を組み合わせて入居者ターゲットを細分化してみるとよいでしょう。
▽入居者数（シングル、ディンクス、ファミリー等）
▽属性（学生、社会人、高齢者等）
▽性別（男性、女性）
▽年齢（20代、30代、40代等）
▽業種・職種（サラリーマン、公務員、職人、技術者等）
▽趣味・趣向（オシャレに敏感、使い勝手重視、自分らしさへのこだわりが強い等）

4　適切な入居者ターゲットを設定しよう！

入居者ターゲットを設定する際の基準とは

想定される入居者層を細分化した後は、いよいよそのセグメンテーションの中からどの入居者層を狙うかを決定していきます。入居者ターゲットの選定次第では、その後の入居付けを優位に進めることができる一方、逆に苦労する結果を招くこともあるので、ぜひ、適切な入居者ターゲットを選定できるよう慎重に検討していきましょう。

では、入居者ターゲットを決定する際は、どのようなことを念頭にいれて絞り込みをしていったらよいでしょうか？　その際の基準が、5-2で説明した物件の存在するエリアの特性と物件の制約事項です。これらを前提条件として、適切な入居者ターゲットを設定していきます。

入居者ターゲットの設定事例

駒沢マンションのケースでは、芸能人など、オシャレな若者が多く集まる三軒茶屋・駒沢エリアにありました。ただ、利回り重視の設計上20㎡弱の居室スペースとなる点が最大の制約事項です。

そのため、20～30代の若い社会人、とくにオシャレに敏感で自分らしさへのこだわりが強い層を入居者ターゲットに設定することにしました（図表5－4①）。

こうした入居者層であれば、彼らのニーズに応えられる個性的な部屋作りをすることで、多少の狭さは十分にカバーできると考えたからです。

一方、山谷マンションは、場所柄、住環境としてはあまりよろしくないかなりディープなエリアにありました。しかし、最寄り駅は3路線が乗り入れていてとても通勤に便利な場所にあり、周辺には商店街やコンビニが多数存在し、生活インフラは十分整っています。

また、ワンルーム規制に適合させるため、25～30㎡弱と広めの1DKをメインの間取りとして想定していました。

このため、入居者ターゲットとしては、40～50代の中堅の男性社会人、物件のデザイン性とかよりも使い勝手や居住性を重視する層に絞りました（図表5－4②）。

場所柄、オシャレに敏感な層や、特に女性の入居は考えづらかったからです。

〔図表 5-4 ①：　駒沢マンションのターゲット設定〕

＜エリアの特性、物件の制約事項＞
- ■ 芸能人をはじめ、オシャレな若者が多く集まる三軒茶屋・駒沢エリア
- □ 渋谷・表参道まで電車で10分以内のため、通勤・通学に便利
- □ 周辺にはスーパー・コンビニが多数あり、生活インフラは整っている
- □ 環七沿いにあるため、騒音・排気ガスが気になる
- ■ 利回り確保を重視した結果、20㎡弱のワンルームの居室

↓

＜入居者ターゲット＞
- ➢ 入居者数　➡シングル
- ➢ 性別　➡男性、女性
- ➢ 年齢　➡20代～30代
- ➢ 属性　➡学生、社会人（特に専門職・技術職系）
- ➢ 嗜好　➡オシャレに敏感、自分らしさへのこだわりが強い

〔図表 5-4 ②：　山谷マンションのターゲット設定〕

＜エリアの特性、物件の制約事項＞
- ■ 町の雰囲気・治安のあまりよくない山谷エリア
- □ 最寄りの南千住駅には3路線が乗り入れており通勤至便
- □ 周辺には商店街・コンビニが多数あり、生活インフラは整っている
- ■ ワンルーム条例適応のため、30㎡弱の1DKを中心とする

↓

＜入居者ターゲット＞
- ➢ 入居者数　➡シングル
- ➢ 性別　➡男性のみ
- ➢ 年齢　➡40～50代の中堅層
- ➢ 属性　➡社会人（一般のサラリーマン、公務員）
- ➢ 嗜好　➡使い勝手・機能性重視

5　入居者ターゲットに響く物件コンセプトを導出する

物件コンセプトを考えるポイント

前提条件が整理され、入居者ターゲットが決定されれば、次はいよいよ物件のコンセプトを考えます。コンセプトとは企画物件の根底にある考え方や思想を意味します。

すでにこれを考えるための前提条件が整理され、ターゲットとすべき入居者層を設定しましたので、そこからどんなコンセプトを導出できるか考えてみましょう。

駒沢マンションのコンセプト

駒沢マンションは、若者の多く集まるオシャレな街にある一方、20㎡弱しかないワンルームの居室でしたので、20～30代の社会人、特に自分らしさへのこだわりが強い層をターゲットとしました。そのため、コンセプトの1つの柱はデザイン性による差別化を図ることです。ただ、デザイン性といってもやはり建築上の制約とは切り離せません。このとき想定していた建物の構造は壁式RCで、コスト削減のため内装もクロスを貼らない打ちっ放し仕様でした。

そのため、コンセプト賃貸のランキングなども参考にした上で（図表5－5①参照）、この雰囲気を十分に活かせるヴィンテージカフェ風な雰囲気づくりをテーマにしようと考えました。

〔図表 5-5 ①：　こんな賃貸に住んでみたい！
コンセプト賃貸のテーマランキング〕

出典：LIFULL HOME'S PRESS

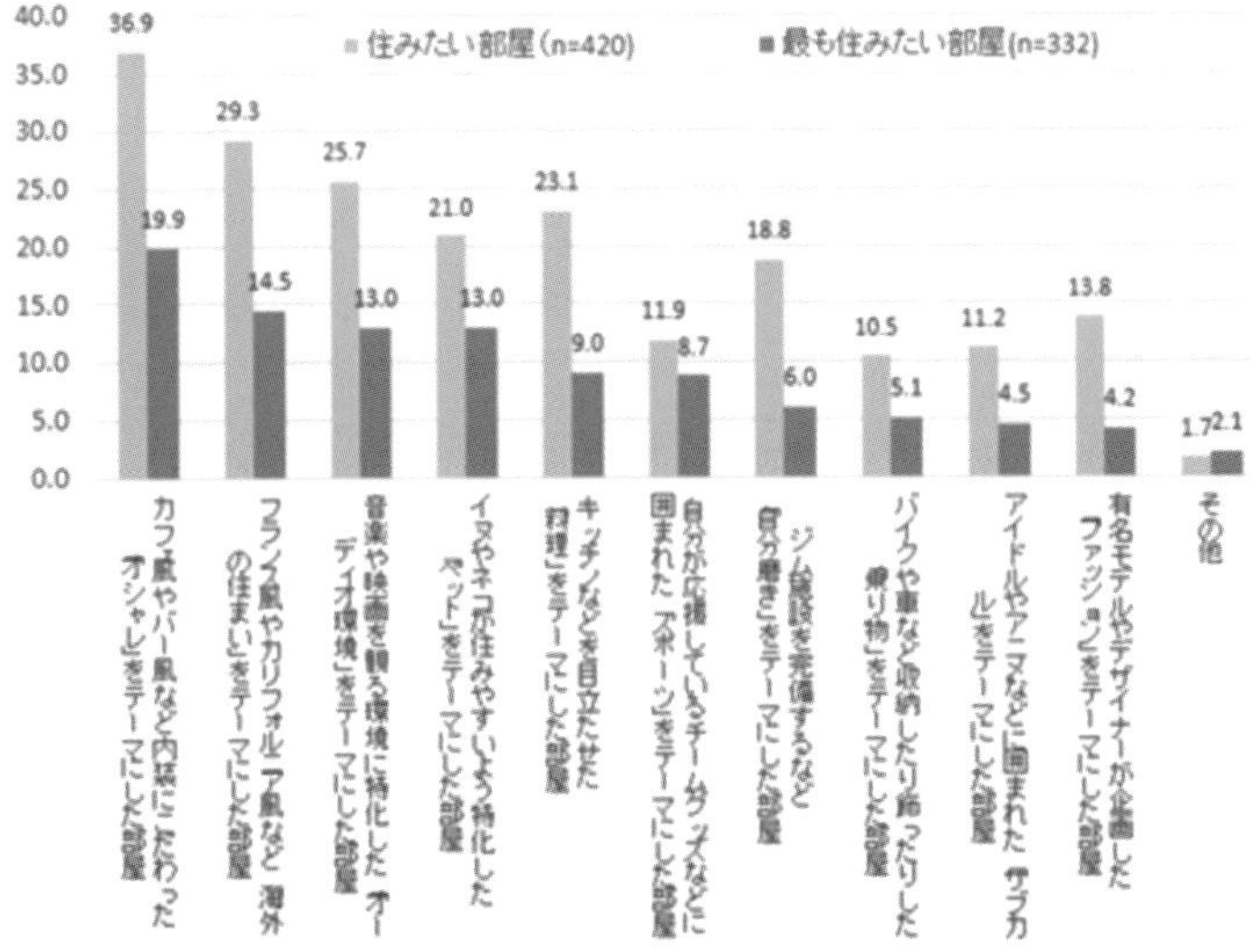

また、デザイン性というプラスの要素だけでなく、狭小というマイナス要素を如何に埋めるか、実際には狭くても狭く見えないオープンな空間づくりを２つ目のコンセプトとして設定しました。

ここで考えたコンセプトが果たして正しかったのかどうかはわかりません。ただ、コンセプトもない物件は価格でしか勝負できなくなるのは間違いありませんので、とにかく自分なりに知恵を絞ってみることが大切なことだと思います。

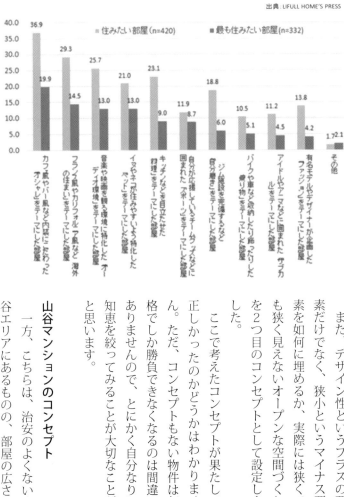

山谷マンションのコンセプト

一方、こちらは、治安のよくない山谷エリアにあるものの、部屋の広さと交通の便はよかったため、40～50代の男性社会人がターゲットとした入居者層でした。そのため、コンセプトとしては、とにかくデザイン性よりは機能性、使い勝手のよい居住空間をメインのテーマにしました。また、治安の悪さをカバーすべく十分な安全性、防犯性も重視した物件の構築を目指すこととしました。

このように、同じ東京23区内の物件でも、そのエリアと建築上の特徴によっては、全く異なる入居者ターゲットとコンセプトの物件を建てることが必要になります。現状のような借り手のニーズが非常に多様化している、特にその傾向が顕著な東京においては、つくり手の立場だけで同じ仕様のマンションを一様に建てていくのでは長期にわたって勝ち続けることはできないと考えるべきでしょう。

6　物件コンセプトに従って設備仕様への落とし込みを行う

コンセプトと設備仕様の整合性を確保する

さて、いよいよこれまでに打ち出したコンセプトをベースに設備仕様へ反映していきます。この際、きっちりとターゲット‐コンセプト‐設備仕様間の整合性が確保されていることが重要です。

駒沢マンションの場合は、ヴィンテージカフェのようなオシャレな空間づくりを物件コンセプトに掲げました。そのため、次のような設備を設置する方向性を定めました。

▽コンクリート打ちっ放しの内装
▽古木調のフローリング
▽ブラックのライティングレールとハロゲンライト
▽天井にむき出しで設置したシルバーの配管

また、20㎡を割り込む狭小の部屋のため、狭さをできるだけ感じさせないよう、大きな窓と透明ガラスによる仕切り採用し、空間の広がりをつくる方針としました。

この結果、かなり普通の部屋とは差別化された空間を生み出すことができたと考えています。万人に受ける部屋ではありませんが、ターゲットとした層に指示されれば、十分満室経営が可能です。

一方、日本堤マンションでは、40～50代の男性社会人をターゲットにデザイン性よりも十分な居住空間と機能性を追求するコンセプトを掲げていました。そこで次のような設備仕様を想起しました。

▽全室二面採光の角部屋
▽スライド式の間仕切り（ワンルームとしての使用と1ＤＫとしての使用の切り替えが可能）
▽ウォーキングクローゼット
▽完全独立型トイレ
▽シャワー付き独立洗面台

見た目は、極めて一般的な部屋ではありますが、居住性と機能性に優れているので、公務員や比較的固めの職業の方に多く入居していただける結果となっています。

〔【図表 5-6 ①： 駒沢マンションの内装〕

〔図表 5-6 ②： 山谷マンションの内装〕

なお、不動産取得税、固定資産税軽減を目的に、（共用部含め）平均40㎡を超える居室とするため、14戸中２戸は60㎡超のファミリー仕様としています。この場合、ワンフロア１室で配置するのが一般的ですが、最上階の８－９階をメゾネットタイプとして２戸を縦で割ることにしました。賃貸マンションでありながら、戸建て感覚で住めるメゾネットタイプ、それも最上階ならかなり特別感が得られると考えたからです。

当初この山谷エリアではファミリー層の入居は難しいと考えていましたが、実際はシングル層の12戸よりも先にこちらの部屋に申込みが入りました。どんなエリアでも近隣にはない差別化要因はやはり重要だと再認識しました。

費用対効果を考慮して差別化を図る

図表５－６③は、単身者世帯が求める人気設備ランキングＴＯＰ10です。今の時代を反映して、インターネット無料や宅配ボックスなどが上位にランキングされています。また、防犯性の意識の高まりから、オートロック、ホームセキュリティ、防犯カメラなども当然のごとくＴＯＰ10入りしています。このような入居者が求めている設備仕様を正確に把握しておくことはとても重要です。

しかし、これらの設備をすべて導入しなければならないかといえば、そんなことはありません。あくまでも投資対象としての賃貸マンションですから、エリアの特性や物件の特徴、物件コンセプトを十分に考慮して取捨選択していくべきです。

〔図表 5-6 ③：　入居者に人気のある設備ランキング 2017〕

（出展：全国賃貸住宅新聞）

1位	インターネット無料
2位	エントランスのオートロック
3位	宅配ボックス
4位	ホームセキュリティ
5位	ウォークインクローゼット
6位	浴室換気乾燥機
7位	TVモニター付きインターホン
8位	独立洗面化粧台
9位	防犯カメラ
10位	システムキッチン

駒沢マンションは、20㎡に満たない居室ですので、ウォークインクローゼットを設けることは事実上できません。また、防犯カメラは設置しましたが、エリア的にホームセキュリティまで導入するほどの防犯の必要性は感じませんでしたので、これは導入していません。

一方で、部屋の狭さを感じさせず、オシャレな空間を演出するため、ランキングにはありませんが、居室とサニタリー空間を仕切る壁を透明な強化ガラスで仕切る仕様としました。コスト高にはなりましたが、これにより大きく部屋の雰囲気を向上させることができるとの判断で、設置しています。

これとは対照的に、山谷マンションは、十分な広さを確保しており機能性を重視したコンセプトを打ち出していましたので、ウォークインクローゼットは設置することとしました。また、治安の悪さから防犯性が最大の課題でしたので、防犯カメラを4台設置するとともに、ホームセキュリティにも加入しました。このように、設備仕様は物件コンセプト等に照らして、費用対効果を十分に考慮して決定していきましょう。

第6章

事業計画書として最終化する！

〔図表 6-1　事業計画策定の全体プロセス〕

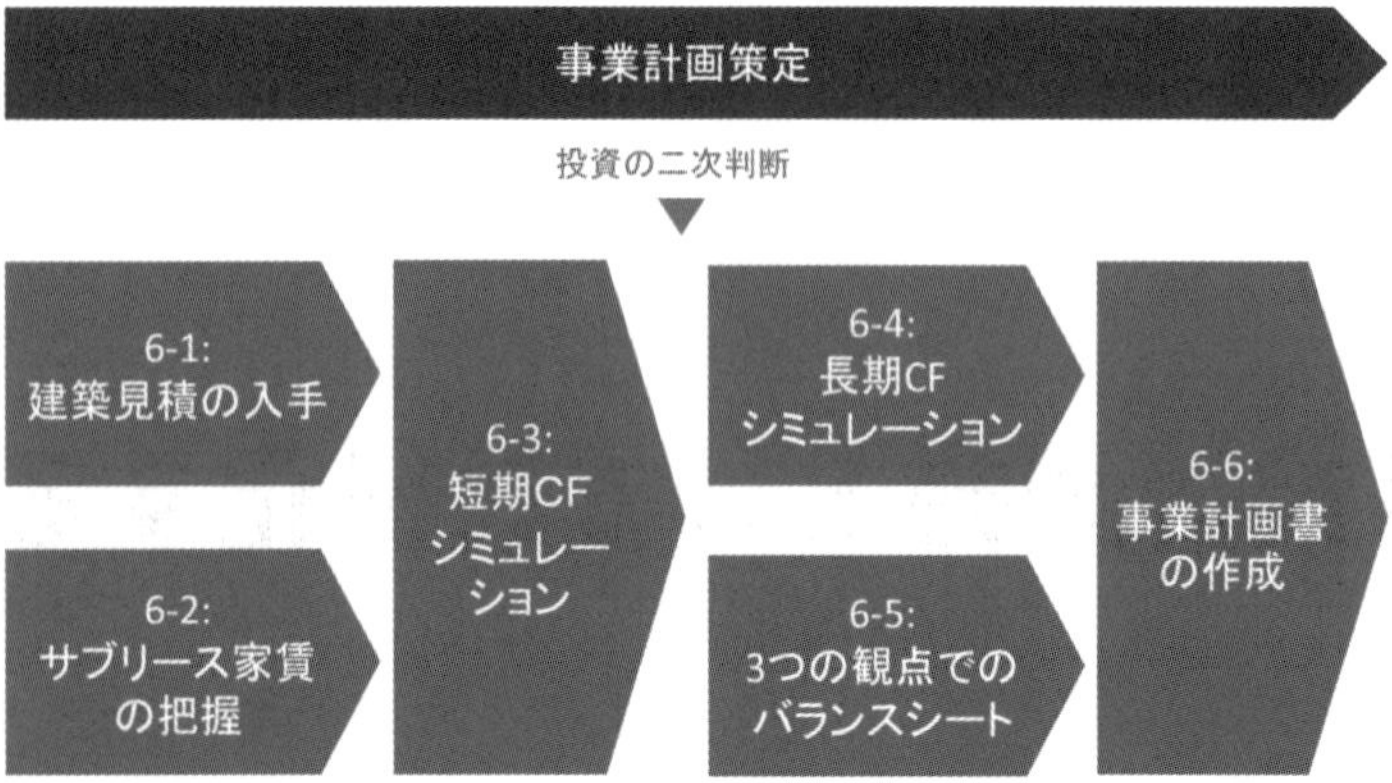

1　正式な建築見積りを入手して計画値を精緻化する

建築会社から概要設計図とそれを前提とした見積もりを入手しよう

机上調査フェーズでは、時間的な制約のため、自身で大枠の建築プランを考え、それに基づいて概算費用を算出しました。しかし、これはあくまでも投資家自身の想定にすぎないため、改めて専門家にみてもらい、正式な設計図面と見積書を入手する必要があります。

ただし、専門家に依頼すると言っても、私の場合、これまで独立系の建築士には依頼したことがありません。それはどんなにすばらしい設計図面を引けたとしても、見積もりの精度が落ちてしまうと考えるからです。

木造アパートの場合は、地型が多少悪い土地でもかなり柔軟な建築が可能であり、かつ対応できる建築会社も多いため、独立系の建築士が引いた図面をそのまま受け入れても、大きな見積もりのブレが出ないケースが多いようです。しかし、マンション建築を請け負う建築会社は、木造に比べて圧倒的に少なく、ましてやローコストで賃貸マンションを建てることのできる業者はかなり限られているのが現状です。

私がこれまで建築を依頼した建築会社はいずれも自社の作成した図面でないと、請け負ってもらうことができませんでした。自社の建築上の特徴や制約を十分に理解した建築士でないと、コストを下げるために様々な工夫を凝らした標準仕様を前提とした設計にならないからです。換言すれば、自社の標準的な建て方を十分に把握した設計が前提となるため、この段階でかなりの精度の高い見積もりを提示することができる、ということもできます。

私はこれまで二度ほど、重量鉄骨のローコスト建築に特化した建築会社に請け負ってもらいましたが、この段階での見積もりが最終的な建築請負金額となりました（あとで施主側の都合で追加したオプションコストは除く）。自己資金の希薄な投資家にとっては、建築費のブレは非常に大きなリスクとなります。そのため、一定レベルの建築の質を保ちながら、ローコストでかつ見積もりのブレが少ない建築会社を事前に見つけ出しておくことはとても重要なポイントとなります。この意味でも、２‐５で示したとおり、事前準備の段階で、複数の建築会社とコネクションをとっておくことが大きな成功要因となるのです。

どのタイミングで依頼すべきか

新築企画の経験値が乏しい段階では、なんとなく良さそうな土地を見つけては、建築会社に概要設計と見積もりを繰り返し依頼するということになりがちです。仮に投資に見合わないプランとなり見送ることになった場合でも、投資家にとってはなんの痛手もありませんが、大きな労力を割いて対応した建築会社にとっては大変迷惑な話です。各種の法規制を調べて図面を引き、建築費を積算するのは、それほどたやすい作業ではないからです。

そのため、土地を早く押えたいがあまり、机上調査も終わらないうちに設計依頼だけ先行するようなことは絶対避けましょう。最低限、机上調査と土地の現地確認を行って、自身では投資として成り立つと判断できたものを依頼すべきです。大した考えもなしに依頼ばかり繰り返していては、しまいに全く相手にしてもらえなくなってしまいます。

依頼後、概算見積もりが出るまでの期間は、建築会社によって異なりますが、概ね1週間から2週間程度です。この間、ただ待っているのではなく、やり残した現地調査や次のコンセプト策定を詰めていけば、大きな時間のロスなく最終の事業計画へと繋げていくことが可能となります。

見積もり結果を計画に反映させ精緻化する

建築会社から入手した見積書をベースに、机上調査の段階で自身がたてた計画値に反映することで、より精度の高い計画へブラッシュアップさせていきます。ここで大きな差異が発生しなければ前に進めることができるのですが、机上調査があまりにズサンだと、この段階で計画倒れだと判明することが往々にしてあります。

最初のうちはある程度はやむを得ませんが、この結果（概要設計と見積もり）をぜひ次回の机上調査に反映させて、机上調査の精度を高めていくよう努めていきましょう。

机上調査の段階で、自分では見落としていた建築規制はなかったか？　建築会社ごとの見積もりの出し方や建築坪単価など、情報の最新化が必要であれば、それらをどんどん経験値として蓄積していくことで、次第に精緻な企画をつくっていくことができるようになるはずです。

2　サブリース会社からコミットされた家賃査定を入手する

なぜこの段階でサブリースの家賃査定結果を入手するのか

最終的にサブリースする、しないに関わらず、この段階で、一度サブリース会社から家賃査定を受けることを推奨します。その理由は次の2つです。

①　自身の家賃相場調査結果を検証するため

机上調査の際、サイトで家賃相場を調べ、現地調査ではその家賃の妥当性を確認しているため、基本それで十分とも言えます。しかし、自分だけの調査結果ではなく、他者からの客観的な結果も踏まえ、想定家賃を検証してみることで、より適正な家賃を把握することができます。

真に入居付け可能な家賃でなければ、ここで立てる計画は絵にかいた餅でしかなくなってしまうため、可能な限り慎重に決定すべきでしょう。

②　銀行の融資審査を有利に進めるため

銀行によっては一投資家が調査した結果より、専門業者がコミットした結果を重視する場合があります。特に不動産投資の知見の少ない銀行、担当者の場合、自分で投資家が設定した家賃の妥当性を判断できないため、特に信用の高い大手の会社がその支払いをコミットした家賃があるなら、それを重視する場合があるのです。

一般管理を前提とした家賃査定では意味がない

ここで、サブリースではなく一般管理を前提とした家賃査定ではダメなのか？　という疑問が浮かぶかもしれませんが、やはりサブリースを前提としていなければ意味がないと思っています。

それは、一般管理を前提とした家賃査定では概ね甘めに査定されてしまうことが多いと感じているからです。一般管理では、仮に満室経営ができない場合でも管理会社は空室分の管理料がとれないだけで、大きな損失を受けることはありません。そのため、多少甘めに査定して、まずは管理業務を獲得しようとする意思が働かないとは言い切れません。

一方、サブリースの場合、管理会社は一旦投資家から一括借上げて自らが貸主として入居者を集うため、実際に1室でも入居がつかなければ大きな損失を被ります。そのため、本当に入居付け可能な家賃でしか提案できないため、信憑性が高いと考えられるのです。

サブリース会社の選定基準

最初に実際にサブリースする、しないは関係ないと言いましたが、とはいえ、依頼するサブリース会社はどこでもいいわけではありません。

では、どんなことを考慮してサブリース会社を選定すべきでしょうか？　私が考えるサブリース会社の選定基準は、次のとおりです。

①　建築会社自身が行うサブリースは基本ＮＧ

例の〝かぼちゃ事件〟もそうでしたが、大手のハウスメーカーも自社の建築物件に対してのみ、サブリースを組むケースが多いです。これは、自社で建築請負させてもらう見返りとしてサブリースに応じているだけで、サブリースによる空室損を予め建築費に上乗せしている可能性があります（〝かぼちゃ〟はまさにまさにそんなビジネスモデルでした）。もしそうだとするなら、その査定家賃には全く信憑性がありません。

建築には絡まない管理専門の会社から選定すべきです。

②　大手管理会社もあまり好ましいとは言えない

先にも書きましたが、大手サブリース会社の場合、銀行が信頼を寄せ、融資が有利になる場合が考えられます。しかし、これまで大手から中堅、中小まで多くのサブリース会社から家賃査定を受けてきた経験からすると、やはり大手は家賃査定がかなり厳しいという印象です。

逆に言えば会社としてのリスク管理がしっかりしているとも言えますが、どんなことがあっても自社は絶対に損しないといった家賃およびその付帯条件で提案してきます。いくら確実な家賃であったとしても、あまりに抑え過ぎた家賃では逆に銀行融資審査上不利に働いてしまうことにもなりかねませんし、十分なキャッシュフローを得ることもできなくなってしまいます。

中堅・中小クラスのサブリース会社で、空室対策をしっかり行って、リスクと真剣に向き合ってくれる会社をビジネスパートナーとして選定していきましょう。

3　短期ＣＦシミュレーションを実施して、投資の二次判定を行う

ＣＦシミュレーションの重要性

ここまで利回り中心に検討してきましたが、極端な話、都内の新築マンションと地方の築古アパートを利回りで比較しても全く意味がありません。

想定される家賃下落率、空室率、修繕費、借入期間など全く状況が異なるため、利回りではその良し悪しを判断することができないからです。

しかし、最強物件という同じ土俵の上で検討する限りにおいては概ね比較可能です。そのため、投資の一次判断基準としては、まずは利回りを基準に物件選定を進めているのです。

とはいえ、利回りはお金ではないので、実際にどの程度の手残りがあるか、把握することができません。キャッシュフローシミュレーションを行うことで初めて、実際に手元に残るお金がいくらになるかがわかるのです。

不動産賃貸事業は、他の事業と比べてかなり高い精度で売上・コストの予測が可能です。そのため、企画段階でしっかりとしたシミュレーションをしておけば、失敗のリスクは極めて低く抑えることができると考えています。

まずは短期CFシミュレーションを実施してみよう

1-5でも見たように、キャッシュフローの構成要素を大枠で示すと、次の算式により計算できます。

税引前CF＝実質家賃収入－運営経費－借入返済額

それぞれの計算ファクターに含まれる詳細な費目は図表6-3①のとおりです。

これらの費目を実際にはエクセルシートを使って個々に計算し、単月のキャッシュフローを算出していきます。

私は、一物件で最低月30万円の税引前キャッシュフローを得ることを投資の二次判断の基準としています。

それは、新築企画は投資規模の大小ではその労力に大きな違いはないため、あまり規模が小さい場合には、その労力に見合わないと感じてしまうからです。

逆にあまり規模が大きくなり過ぎても将来売却しづらくなるので、一物件の投資規模としては、大体1億円～2億円程度を目安としています。

最強物件の場合、おおむね、空室率3％、経費率17％、返済比率45％程度なので、キャッシュフローは満室家賃に対して35％ぐらいが残る感じです。

経費率がかなり低いと思われるかもしれませんが、それは都内の新築なので、修繕費や固定資産税が抑えられ、家賃が高いという最強物件の特長が現れているからです。

〔図表６－３①　計算ファクターに含まれる費目〕

①　**実質家賃収入**	▷インターネット費用
▷満室家賃収入	▷固定資産税（土地、建物）
▷空室損（➡空室率）	▷保険料（火災保険、地震保険）
②　**運営経費（➡経費率）**	▷修繕費
▷管理手数料	③　**借入返済額（➡返済比率）**
▷清掃費用	▷元金返済額
▷消防点検費用	▷支払利息
▷水道光熱費	

仮に、１・５億円で８％の物件なら、
１・５億円×８％×35％＝４２０万円（➡月35万円）
となり、月35万円のキャッシュフローが短期的には見込めるため、この水準なら是非前に進めたいと考えられる物件だということです。

ここまで、私が最強物件を検討する上での判断基準は次のとおりとなります。

一次判断の基準➡利回り８％
二次判断の基準➡ＣＦ30万円／月

これは、現時点での私の判断基準であって、決して普遍的なものではありません。

しかし、不動産投資の意思決定の際、自分なりの判断基準を事前に明確化しておくことは非常に重要なことです。

判断基準が明確であれば、無駄な時間を浪費することなく迅速な意思決定が可能となるからです。

是非、自分なりの判断基準を設けて、検討物件が現れた際、すぐに意思決定できる状態をつくっておきましょう。

金利耐性チェックを行って金利上昇リスクに備える

金利耐性チェックとは、今後の金利上昇リスクに備え、どの程度までの金利上昇に耐えうるかを把握することです。やり方はいろいろあると思いますが、私は、このキャッシュフローシミュレーションの計算構造を使って、キャッシュフローがギリギリマイナスにならない金利水準を算出しています。

現在は日銀の異次元金融緩和政策によって史上最低の金利水準となっていますが、いつまでもこんな低金利が続くわけはありません。仮に急激な金利上昇が起こったとしてもどこまでなら耐え得るか、必ず事前に把握しておきましょう。

この計算で、おおむね5％を超えてもキャッシュフローがマイナスにならないようであれば、喫緊のリスクはないと考えてよいでしょう。

4　長期CFシミュレーションを実施することの意義とは

長期CFシミュレーションを実施して、CFの減少を実感する

ここまで述べたキャッシュフローの計算は、直近1年間の短期キャッシュフローです。仮に途中で売却することはあるとしても、不動産は基本長期で保有する資産です。そのため、少なくとも融資期間（通常30年）は保有する前提のシミュレーションはしておくべきでしょう。

実は不動産投資を始めた当初、私は短期ＣＦシミュレーションは実施していましたが、あまり長期のシミュレーションは行っていませんでした。そのため、短期ＣＦシミュレーションで仮に月30万円稼ぐ物件を５棟も持てば、月１５０万円にもなるため、それでセミリタイヤできるなどと短絡的に考えていました。

しかし、実際に自分で長期ＣＦシミュレーションを実施してみればわかることですが、利益は毎年増加するのに対して、逆にキャッシュフローは確実に年々減少していくのです。なんとなくそんな話は聞いてはいたものの、シミュレーションをしてみてとても大きなショックを受けたのを覚えています。

つまり、短期ＣＦが出る物件をいくら買い続けたとしても、いつまでもゴール（長期安定的な財務基盤）には辿り着けないのです。これについては、７－４で詳述しますので、ここでは、長期ＣＦシミュレーションを行う際のポイントを説明させていただきます。

長期ＣＦを計算する場合でも、キャッシュフローを構成する計算要素自体は、短期も長期も基本同じですが、長期の場合は、各費目が今後どの程度変化していくのかを想定することがとても重要となります。

長期ＣＦシミュレーションを実施する上でのポイント

次は、私が長期キャッシュフローを計算する際の重要な計算要素の想定です。

① 家賃下落率

これは、長期シミュレーションのときだけ想定しなければならないファクターです。単純に毎年1％下落するというような考え方もありますが、実際にはエリアの賃貸需要の強さによって大きく異なります。私は3-8で紹介したホームズの家賃相場で、5年ごとの家賃相場を把握することができるため、そこから物件ごとの家賃下落率を算出しています（図表6-4①参照）。

② 空室率

最強物件の空室率は、実績ベースでおおむね2～3％程度です。換言すれば、その水準を保つために家賃の下落を想定しているので、空室率自体は短期シミュレーションと同じ数値を毎年そのまま適用すればよいでしょう。

③ 管理手数料

率としては5％で一定としていますが、家賃が下落する想定なので、管理手数料の金額もそれに応じて下落していくことになります。

④ 修繕費

通常修繕を家賃の2％、大規模修繕を築10年以降、5年ごとに建築費の3％を見込んでいます。正直、ここは非常に読みずらい費目です。ただし私の場合は、基本10年以内に売却する方針なのでそれほど精緻な数値を追求していません。

〔図表 6-4 ①：　駒沢マンションの家賃下落率の想定〕

ホームズの家賃相場を5年後ごとに抽出して、新築時点からの家賃下落率を算出。
これを長期ＣＦシミュレーションの際の家賃下落率として利用。

ホームズ家賃相場調べ	
築年数	家賃相場
新築時	8.82万円
0－5年	8.71万円
5－10年	8.37万円
10－15年	8.05万円
15－20年	7.73万円
20－30年	7.29万円

➡

長期ＣＦシミュレーション	
築年数	家賃下落率
新築時	0%
1－5年	1.25%
6－10年	5.10%
11－15年	8.73%
16－20年	12.36%
21－30年	17.35%

⑤　借入返済

変動金利、固定金利に関わらず、借入時の金利で計算しています。将来の金利の動向を正確に読むことは困難だからです。この不確実性のリスクからも、一定期間で売却して利益を確定させることは、大きなリスク回避策になり得ます。

自分で計算することの意義

現在では、こうしたキャッシュフローシミュレーションに関するいろいろなアプリやツールを利用することができますが、是非自分でエクセルを使って計算してみることをおすすめします。自分で計算ロジックを組むことで、キャッシュフローの構造が完全に頭に入りますし、各種の変更も自身で自在に対応可能となるからです。

計算ロジックが完全にブラックボックス化しているツールをそのまま鵜呑みにして、投資に失敗しても誰も責任をとってくれません。投資はすべて自己責任だということを今一度肝に銘じておきましょう。

5　3つの観点から資産評価を行い、各々のバランスシートを作成すべし

キャピタルゲインの把握のためには、バランスシートの作成が不可欠

前節では、短期および長期に渡って、継続的に得られるインカムゲインを把握するため、CFシミュレーションを実施しました。

しかし、如何にインカムゲインが得られても、売却したときキャピタルロスを被ってしまうような資産を保持するならば、それまでに得たインカムゲインがすべて帳消しになってしまう可能性すらあり得ます。

そのためには、単にインカムゲインのシミュレーションを行うだけでなく、キャピタルゲインを予測するために、資産と負債のポジションがどのような状態にあるのかというバランスシートの作成が重要となるのです。

会計上のバランスシートは経営意思決定の観点からはあまり意味がない

通常バランスシートとは、会計・税務面で使用されるバランスシート（B／S）を指しますが、これを長期的に作成したところで、経営意思決定の観点からはあまり意味がありません。なぜなら現在の日本の会計制度では取得原価主義がとられていますので、買った金額で資産評価（その後減

価償却）しているだけであり、キャピタルゲインを予測することができないからです。

たとえば、仮に地方の築古のアパートにも関わらず低利回りの物件をフルローンで買った場合であっても、会計上のＢ／Ｓはバランスします。買った金額で資産が評価され、同額が負債として計上されるからです。以降は、減価償却と元金返済のスピードの差により、資産超過となるか、債務超過となるか、分かれることになります。仮に返済スピードのほうが速く会計上は資産超過の状態となっていたとしても、そのとおりキャピタルゲインが発生するとは限りません。帳簿価額（取得原価－減価償却累計額）は実際の売却価値とは無関係だからです。

このように、会計上のＢ／Ｓからは、本当の意味で資産と負債がバランスしているのかどうか、財務基盤が安全かどうかを判断することは困難なのです。

銀行評価上のバランスシートはどうか

そのため（なのかはわかりませんが）、銀行は独自の観点で資産評価を行います。最も多いのが積算価格で資産評価を行うというものです。積算価格とは、不動産を土地と建物に分けてそれぞれ評価し合算して求める方法です。通常は、土地は相続税路線価、建物は一般的な建築費から経年劣化分を控除して求めることが多いです。つまりこれは、当該資産を今買ったらいくらか、という再調達原価を意味していることになります。

銀行はそもそもなぜ独自に資産評価を行うのかといえば、それは担保評価のためです。つまり、月々のキャッシュフローから借入金が返済できるかという返済能力を最も重視するものの、もしなんらかの理由で返済できなくなってしまった際は、貸倒れにならないよう資産を売却して、残債を一括回収すべく、資産の担保価値を評価するのです。であるならば、本来担保評価は、今買ったらいくらかではなく、今売ったらいくらになるのかという売却価値で判断すべきでしょう。

したがって、積算価格による資産評価とそれに基づくバランスシートの作成も、資産と負債の状況は本当に安全な状態といえるか、どの物件をいつ売却すべきか、といった経営意思決定には、これもまたあまり意味を持たないものだということです。

積算評価が意味を持つのは、こうした積算重視の銀行から融資を受けることによって資産拡大を図ることができる、という一点に尽きます。融資してもらえなければ不動産投資を行うことは通常困難なため、とても重大な意味をもつことは確かです。しかし、資産拡大を急ぐがあまり、積算価格のみを盲目的に信じて、本当の資産価値（売却価値）を無視した買い方を続けるのであれば、それは同時に、大変大きなリスクを学んでいるということを肝に銘じておくべきでしょう。

売却価値はどのように試算すればよいか

以上から、私は長期資産評価においては、会計上（取得原価ベース）、銀行評価上（積算評価ベース）のバランスシートも参考程度の目的で作成しますが、売却価値で資産評価したバランスシートを最も重要視しています。将来の売却金額をある程度想定できれば、どのタイミングで売却すべきか、その際のキャピタルゲインはいくらかを事前に把握できるため、資産の組替え等の投資戦略を考える上で重要な指針となるからです。

では、売却価値をどのように試算すればよいでしょうか？

不動産の鑑定評価には、原価法、取引事例比較法、収益還元法など様々な考え方があり、さらにそれらを具現化した計算方法も複数存在します。私は不動産鑑定の専門家ではありませんので、ここでそれらの方法を解説するようなことはしません。しかし、不動産投資家としてこれまで実際に5棟のマンションを売却した経験からお話ししたいと思います。

不動産を売却した際、複数の不動産会社や不動産鑑定事務所から資産評価の査定をしてもらいました。その際、資産評価の根拠について、口頭レベルで話す程度という会社もありましたが、多くの会社では、一見するととても立派な20～30ページはある売却資産評価査定書を作成してきました。うちは金融工学に基づき、云々・・・と長々と説明いただくこともありましたが、大きな流れは全く一緒です。まずは、現在の経済情勢といったどの物件にも流用可能な枕詞から始まり、先にあげた3つの鑑定評価方法でとりあえず算出した上で、今回は収益物件なので収益還元評価を最重視しますと・・・。そして、最終的な結論としては、

現在の家賃（相場の家賃）÷利回り相場＝売却価値、といった算式から導くものでした。

これは、収益還元法に基づく直接還元法をさらに単純化させた計算式です。計算式としてはとてもシンプルなので、一瞬拍子抜けされたかと思いますが、実はこの算式はとても深い意味をもって

います。この計算式の最大のポイントは「利回り相場」で還元している、ということです。この「相場」には、次の観点が考慮されています。

▽エリア別（23区別、最寄り駅別）
▽構造別（RC、鉄骨、木造）
▽築年数（5年以内、10年以内、15年以内、20年以内・・・）
▽駅からの距離（5分圏内、10分圏内、15分圏内・・・）

つまり、3－8で家賃相場を把握する際もこうした分析軸で詳細化しましたが、相場の利回りを把握する際も、同様に物件の特徴を詳細に落とし込むことによって、より正確な相場を知ることができるのです。計算式を複雑化するのではなく、この利回り相場に多くの意味を持たせ、精緻化することによって、本当に売却可能な金額を把握することができるのです。

たとえば、積算評価の場合は、ここで書いた、エリア別、駅からの距離といった観点はほとんど無視されています（エリア別は多少路線価で反映されているが）。だから、地方のバス便のような不人気の物件ほど売買価格よりも高い積算価格が出る結果となるのです。

山谷マンションの資産評価事例

新築してからまだ2年しか経っていませんでしたが、2018年4月、山谷マンションを売却しました。その際の3つの観点での資産評価額は次のとおりでした（残債は1億8500万円）。

〔図表6-5①：　山谷マンションにおける３つのＢ／Ｓ〕

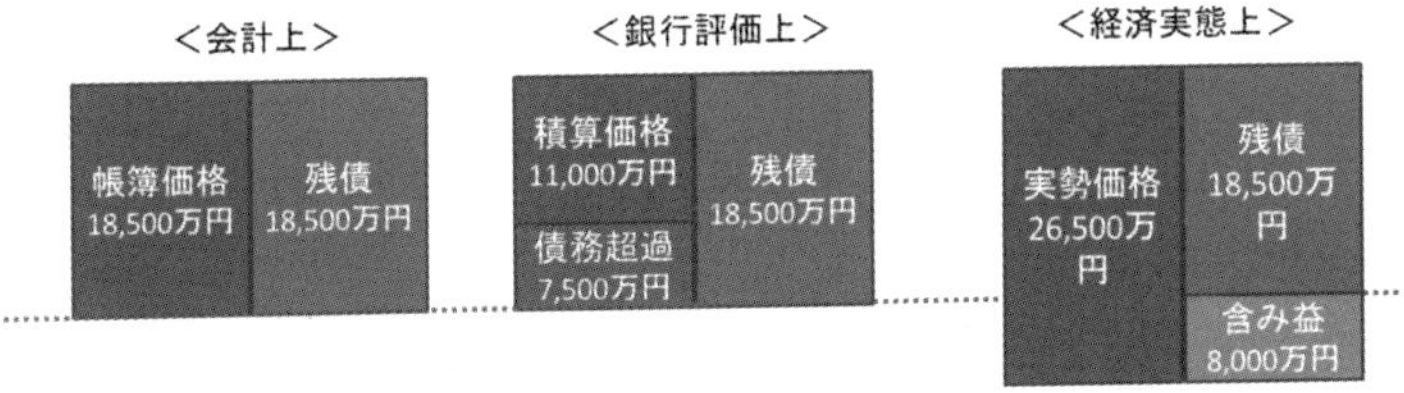

▽会計上（帳簿価格）：１億８５００万円

⬇ほぼ資産負債がバランスした状態

▽銀行評価上（積算価格）：１億１０００万円

⬇７５００万円の債務超過

▽経済実態上（売却価格）：2億６５００万円

⬇８０００万円の資産超過（含み益）

フルローンで購入していますので、会計上はほぼバランスしており、よくも悪くもないという状態です。一方、23区内の新築マンションのため、積算は全く出ず、７５００万円もの債務超過となっていました。もし、積算を重視する銀行に新規融資を打診したならば、この物件だけで７５００万円も足を引っ張っているので、その分の現預金を保持しているか、別の物件で積算超過がなければ、門前払いされたことでしょう。

しかし、実際には2億６５００万円で売却できたため、８０００万円の資産超過であったことを証明することができました。このように、申告の際必要となる決算書（会計上のＢ／Ｓ）や銀行評価（積算価格によるＢ／Ｓ）ばかり気にしていても、本当に価値のある資産を築くことはできません。これらを全く無視するわけにはいきませんが、是非3つの観点から長期的な資産評価を行い、投資戦略の指針として活用していきましょう。

6　事業計画書として取り纏め、金融機関に提出する

事業計画書とはどんなものか

事業計画書とは、事業概要・経営方針・事業内容・経営環境・事業戦略・財務計画等を取りまとめた書類をいいます。通常、中小企業等が銀行融資を受ける際には必須の資料となります。

一方、不動産投資の場合、特にサラリーマン収入を充てにしたパッケージ型のローンの場合は必ずしも必要とされるものではありません。しかし、自ら土地を仕入れて建築を行う最強物件企画は、投資というよりむしろ事業としての側面が強いため、これを適切に作成することは、融資を受けるにあたって大きな意味を有するのです。

事業計画書の重要性

中古物件であれば、すでに物理的に建物が存在するので、建物の仕様や老朽化の程度など調べることができます。また、実際の入居者もいるので、実績としての家賃水準や空室率も把握することができ、どのような経費項目にいくら要しているかもハッキリしています。そのため、融資審査に

おいては、事業計画というよりは、むしろ現状調査・分析のほうが有用であると考えられます。

一方、新築企画においては、そのどれもがまだ存在していません。すべてにおいて実績値がとれない以上、事業計画の数値的根拠と信憑性を図るしかないため、中古物件と比べて遥かに事業計画書の重要性は高いのです。

事業計画書の記載要領

それでは、新築企画における事業計画書には、具体的にどのような内容を記載すべきでしょうか？特別な決まりやフォーマットがあるわけではありませんが、私は図表６‐６①のような内容をパワーポイントやエクセルシートを使って記載しています。

このように事業計画書に記載する内容自体はとても広範なものになりますが、大部分がこれまでの検討の中で明確化してきた内容ばかりです。そのため、これまでの検討自体が十分に煮詰まったものであれば、単に銀行提出用として改めて文書化するだけの作業となります。

とはいえ、先に示した新築企画における事業計画書の重要性に鑑み、わかりやすい記述と体裁には留意する必要があります。融資担当者が稟議の際、このまま利用するようなことはないとは思いますが、稟議を書く上での貴重な判断材料となることは間違いありません。

また、信憑性の高い事業計画書を提出することがあなた自身の評価を高めることに繋がりますので、仮に銀行からの要求がなかったとしても必ず作成するよう心掛けていただきたいと思います。

〔図表 6-6 ①　事業計画書の記載内容〕

▷計画地の概要	土地の所在地、交通機関、敷地面積、用途地域、建蔽・容積率等、マイソクに記載されている土地情報を記載します。
▷建物の概要	構造、階数、延床面積、戸数、竣工時期、施工会社等、机上調査の際、想定した建築計画の内容を記載します。
▷物件コンセプト	入居者ターゲット、基本コンセプト、設備仕様等、コンセプト策定の際取り決めた内容を記載します。
▷家賃想定表	各部屋別の想定家賃と共益費等を、机上/実地調査結果を踏まえて記載します。
▷総事業費	土地取得費用（購入価格、仲介手数料、古家解体費）、建物建築費用（本体工事費用、地盤改良費、オプション費用）、諸費用（不動産取得税、登記費用、火災保険料、融資手数料、期中金利等）を各項目別に集計し、記載します。
▷資金計画	総事業費に対して、自己資金をいくら入れ、借入額をどの程度希望するか。また、想定している返済タイプ（変動／固定）、返済方式（元利均等／元金均等）、返済期間、金利を記載します。
▷キャッシュフロー予測	単年度、および長期（融資期間）のキャッシュフローシミュレーション結果を各科目別に計算・集計して記載します。

第7章

長期安定的な財務基盤を築く投資戦略

1 最強物件企画の弱点とその克服策

最強物件企画の最大の弱点とは

これまで、最強物件企画投資法の優位点については様々な角度から述べてきましたが、無論弱点もあります。新築であるが故での弱点としては、完成まで時間がかかる（通常1年〜1年半程度）、建築会社の倒産リスク、工事遅延リスクなどが挙げられます。

しかし、私が考える最大の弱点は、積算評価が出ないということです。すでに6 - 5でみてきたとおり、積算価格とは不動産を土地と建物に分けた上で、土地は通常、相続税路線価、建物は一般的な建築費から経年劣化分を控除してそれぞれを評価し合算する方法です。

単なる数字上の評価でしかなく、お金に直結するものではないため無視すればよい、という考えもありますが、現状多くの金融機関がこの積算価格をベースに担保価値を評価しているため、この事実はしっかり受け止めた上で対策を考える必要があります。

なぜ東京の物件では積算評価が出づらいのか

東京23区の土地は、1 - 4で見たように買手が集中するため、相続税路線価などとは全くかけ離れた金額で取引されるケースが通常です。これは、立地がよく人気のエリアであればあるほどその乖離は顕著に現れます。そのため、積算評価上は地方物件と比べると、本当の実力（売却価値）よりもずっと低い水準でしか評価されないことになるのです。

また、建物についても、積算評価の上では東京での建築は不利に働きます。なぜなら、実際の建築単価が最も高いのが東京だからです。事実、２年前に私が世田谷でＲＣマンションを建築した際の建築単価は坪95万円程度でした。オリンピック需要による人員不足と資材の高騰化のため、この時期としては十分割安といえる水準でしたが、札幌では、同時期に坪50万円以下での建築も可能だったようです（不動産投資家育成協会主催の札幌合宿における調査結果から）。

エリアによって建築単価に格差が生じる原因としては、人件費単価、資材の調達コスト、建築面積の大きさ、道路幅や土地の広さからくる建築のしやすさの程度等、様々な要因が考えられますが、実際これだけの差が生じているわけです。

しかし、銀行は積算評価をする際、エリアの違いによって建築単価を変えるようなことは通常しないため、建築費の面でも地方物件よりも東京の物件はどうしても積算評価が出にくい構造になっているのです。

克服策①：積算評価を重視しない銀行と懇意になろう

では、こうした積算評価ができないことの弱点をどのように克服すればよいのでしょうか？

まずはそもそも積算評価を重視しない銀行を見つけて、そうした銀行をメインバンクとして取引していくということが一番手っ取り早い方法です。

これまで、積算評価を重視する銀行があまりに多いため、銀行評価＝積算評価という書き方をしていましたが、実際には必ずしもすべての銀行が積算を重視しているわけではありません。現状は、数は少ないものの、積算評価ではなく、実際の売買取引の現場で多く利用される利回り相場（＝キャップレート）を統計データから導出して、できるだけ現実に近づけて資産価値を評価してくれる金融機関も存在しています。

同じ金融機関でも時期によって、融資審査の方法や考え方は変化していきますので、今後、金融庁の指導等によりこうした金融機関が増えてくるのを期待したいところです。

克服策②：売却により含み益を実現することで、積算割れを回避する

積算評価上、仮に債務超過であったとしても、実際には資産価値（売却価値）はこれだけあると言ったところで、それを証明しない限り積算を重視する銀行は信じてくれません。そのため、実際に売却して含み益を実現化することで、積算評価上でも資産超過となる状態をつくり出すのがとても有効な手段となります。

これにより、会計上、積算上でも大きな資産超過の財務状況をつくることができれば、最強物件を追加購入する際、たとえその物件自体は積算評価上債務超過となる物件であったとしても、全体として資産超過の状態がつくれるのであれば、積算重視の銀行からも融資をひくことが可能となる

のです。

克服策③：一物件一法人スキームで物件を買い進める

これは、物件を購入するたびに新設法人を設立し、金融機関には他の法人（物件）の存在を隠して融資をひく方法です。金融機関は、サラリーマンが1棟目を購入する際、仮に融資評価上債務超過であったとしても、その人の属性（給与所得等）でカバーできる範囲と判断すれば、融資を通す場合があります。昨今、急激に資産規模を拡大した投資家の多くは、実はこの手法を利用したのではないかと推察されます。

しかし、これは明らかに金融機関を欺く行為であり、期限の利益を喪失してしまう（残債の一括返済を求められる）可能性があり得ます。そして、私がそれ以上に問題だと思うのは、真に価値のない物件（3つの資産評価のすべてで債務超過となるような物件）であったとしても、属性でカバーできる範囲と誤解されて、どこまでも買い続けることができてしまう、ということです。

不動産は持ち続けるとどんな物件でもキャッシュフローは減少していきますし、この場合売却しても大きな損失を被ってしまうので、このような価値のない物件を買い進めていくと、近い将来八方塞がりの状況に陥ってしまうのは目に見えています。

それでもどうしてもこの手法をとると判断される場合は、こうしたリスクと自己責任の原則をしっかり認識した上で、決断していただきたいと思います。

2 長期安定的な財務基盤を築くためには資産の組替えが必須

前節の克服策①②で述べたとおり、東京で勝負していくには積算評価は無視するしかありません。そのため、積算評価を重視しない金融機関と懇意になりながら、随時売却を進めていくことが投資戦略の骨子となります。

事実不動産投資から得られるキャッシュフローは毎年減少していく!

実は私が不動産投資を始めた当初は、短期CFシミュレーションした結果が、おおむねずっと続くものと思っていました。そのため、仮に年に400万円稼ぐ物件を5棟も買えば、計2000万円となりゴールがくると漠然と信じていました。

しかし、実際自分で長期CFシミュレーションを行ってみれば明確にわかることですが、不動産投資から得られるCFは必ず年々減少していきます。

CFを減少させる原因は図表7-2①のとおりです。

これらは、私が推奨する最強物件のみならず、地方物件でも築古物件でも、どんな不動産にも当てはまります。特に①~③については、地方築古物件では顕著な動きを示すことでしょう。

〔図表 7-2 ①　CFを減少させる原因〕

①　家賃収入の下落
②　空室率の上昇
③　修繕費の増加
④　減価償却費減少に伴う所得税（法人税）の増加
⑤　支払利息減少に伴う所得税（法人税）の増加

不動産を売却すべきタイミングは

実際、これまで不動産を保持している間、本当にCFが年々減少していくのことを身をもって体感したことから、これまで5棟ほど売却を行ってきました。

では、どんなタイミングで不動産を売却していけばよいでしょうか？

売却する際は、次の点を十分考慮した上で、個別具体的に検討していく必要があります。

①　融資情勢
②　相場動向
③　固定金利の切り替え時期
④　大規模修繕のタイミング
⑤　物件の特性（一等地にあるため資産保全目的で長期保有すべき等）

このうち、①②は関連性が高く、売却するタイミングを図る上で、最も重要です。昨年の後半から多くの金融機関でアパートローンの引き締めが始まったため、買える投資家の絶対数がかなり減少してしまいました。このため、1～2年前に比べて多少売買相場が下がり始めているものの、ここ10年間でみれば、まだまだ高い水準にあるといえます。

今後、安倍政権が終焉を迎え、異次元の金融緩和政策が解除された後は、大きく相場が下落する可能性があるとみています。

物件を売却することで、財務基盤をより強化する！

不動産は持ち続けると、年々CFが減少し最後はじり貧になるのでタイミングを見計らって売却すべきと申し上げましたが、実はもう1つの重要な理由は、売却によって早く大きく儲けることができるということです。

既に何度か実例として挙げている山谷物件を2018年4月に売却したのは、融資引締めの兆しが見えてきたため、早めに売却して利益確定しておきたいと考えたからです。実際、税引前ですが、約8000万円のキャピタルゲインが得られました。毎年のインカムゲインが約500万円なので、単純計算で16年分、年々CFが減少していくことを考慮すれば、おそらくは20年分以上のCFを一気に稼ぐことができたわけです。

フルローンで購入していたため、会計上のB／Sは資産と負債がほぼ同値で純資産ゼロの状態でしたが、大幅な資産超過の法人として生まれ変わることができました。金融機関からの評価も上がるはずなので、今後再投資に向けて、新たな投資物件（土地の仕入）を探索していきたいと思っています。

当物件は、山谷と呼ばれる非常に異色なエリアに位置していたという資産の特性上、かなり早めの売却となりましたが、他の物件については概ね5年～10年ぐらいを目途に、資産を組み替えることで、財務基盤を長期に渡って安定化させていきたいと考えています。

3　物件売却を優位に進めるための最適な依頼先の選び方とは

物件を売却する際の依頼先には、どのような会社があるか

これまで見てきたように、最強物件を自ら企画すれば、相場よりも３～４割は安く不動産を入手することができるため、相場で売りさえすれば、大きなキャピタルゲインを得ることが可能です。

しかし、いざ物件売却をしようとした際、数ある仲介会社からどの会社に依頼すべきか、どんな基準で選定すべきか、迷ってしまいがちです。

次に、不動産売買の仲介が可能な会社にはどのようなタイプの会社があるか、そこを選ぶメリットは何かについて、実際私が売却依頼先として検討してきた会社を列挙したいと思います。

①　取引先銀行

物件売却は、取引先銀行からすると、期間途中での融資解約となるため、基本迷惑な行為です。

しかし、不動産仲介資格を有する銀行では、自社（あるいは関連会社）で積極的に売買仲介を行

うこともあります。銀行経由で売却すれば、銀行は基本自社で融資可能な買主を探すので、融資残高は減らないため、良好な関係を維持することができます。

② 建築会社

利回り8％を超える新築企画において、ローコストで質の高い建築を行ってくれる建築会社の存在はとても貴重です。そのため①と同様、継続的な関係維持を目的として、ある建築会社に売却を依頼したことがあります。もちろん、建築だけを専門に行っている会社ではなく、仲介や管理にも力を入れている会社に限ります。

③ 信託銀行系の不動産仲介会社

通常、信託銀行は多くの資産家を顧客として有しています。そのため、相続対策等の相談も多く、そうした相続対策用の資産と成り得る物件を売却したい際は、キャッシュフローを目的とした一般投資家よりも高く物件を売却できる可能性があります。

④ 仲介手数料減額（半額から無料）で対応してくれる仲介会社

こうした会社を選ぶのは、仲介手数料分のコストが削減されるからに他なりません。しかし、それ以上に物件を安く売られるだけでは本末転倒ですので、仲介手数料を減額している本当の理由を見極める必要があります（単に力がないから減額して顧客を獲得しているような会社はＮＧ）。

⑤ 三為業者

三為業者とは、中間省略という形で一旦自社で物件を買い取り、仲介手数料以上の利益を載せて第三者である投資家に売却することを主たる業とする会社です。三為業者が間に入ることにより、フルないしオーバーローンが可能となるケースがあるため、自己資金の少ない（あまり使いたくない）投資家とってメリットがあります。売り側の立場からしても、時期や規模を考慮した際、三為業者経由での売却が有効な場合もあり得ます。

以下では、こうした考えのもと物件売却を実際に行った事案のうち、とても特徴的だった２つの事例につき、紹介させていただきます。

物件売却事例①

３年前、土地から新築し５年間保持した田園調布マンションを銀行経由で売却しました。売却時の残債利回りはすでに10％を超えていた物件を５・９％で売却しましたので、キャピタルゲインが税引前で４１００万円発生しました。新築時の総コストが７８００万円程度の小規模な物件でしたので、これはかなり大きな比率です。また、当時の相場と思われた６％で売り出したにもかかわらず、５・９％に買い上がって買付が入りましたので、当時はこの売却は非常に上手くいったと喜んでいました。

しかし、実は買い上がってきた法人は不動産業者であり、半年もしないうちに５％で転売されてしまいました。どうも最終購入者は、相続した現金を節税目的で賃貸物件に変えたかったようです。相続目的の人にとってはあまり利回りは重要ではありません。現金を賃貸物件に転換できたならば、相続税がぐっと圧縮されるので、それだけで目的を達成できるからです。しかも低利回りとはいえ、銀行利息よりは全然高水準なので、現金をそのまま銀行に預けておくよりずっと合理的なのです。

最近人気が衰えたとはいえ、田園調布という立地であれば、安全資産として相続対策の買い需要が見込めることを想定して、資産家の多い信託銀行系の大手仲介会社へ依頼すべきでした。当時は、この視点がなかったため、中間業者が手にした２０００万円の機会利得を失うという残念な事例となってしまいました。

物件売却事例②

直近の２０１８年4月に、こちらも2年前に土地から新築した山谷マンションを売却しました。まだ新築後間もない状況でしたが、山谷という場所柄と最近の融資引締めを鑑み、早期売却に踏み切ったのです。残債利回り9％の物件を6・4％で売却したため、税引前で約８０００万円のキャピタルゲインを得ることができました。

こちらは、知り合いの不動産会社がある事情で仲介手数料半額で受けてくれたため、利回り6％となる2億８０００万円で売り出しました。間もなく2件ほど満額で引き合いが入ったとの連絡がありましたが、融資不調でそれ以上進みませんでした。

そんな矢先、三為業者から正式な買付が入りました。大きな指値（2億６５００万円）が入ったものの、すでに最終買主の融資を固めており、融資特約なしでの買付です。

田園調布マンションでの失敗もあったので、正直かなり悩みましたが、最終的には三為業者からの買付に応じ、売却することにしました。理由は、山谷は田園調布と異なり相続需要が見込めないこと、仮に６％の水準で買付が入ったとしても3億円近い買値に融資を付けるのは今の融資情勢からすれば困難だと思われること、信頼できる仲介会社が手数料半額で対応してもらえること、からです。

物件売却の依頼先は、物件自体の特性を考慮して選定しよう

これらの事例から言えるのは、物件売却の依頼先は、物件自体の特性を十分考慮して最適な依頼先を選定しなければならないということです。

田園調布マンションは、大きく値崩れしない安全資産であり相続対策としての買い需要が見込めるため、資産家を多く抱えている信託銀行系の仲介会社に依頼するのがベストでした。一方、山谷マンションは、場所柄相続需要は見込めず、売買金額が3億円の近くにもなるため、1～2割頭金を入れるだけでも５０００万円ぐらいは必要になるので、普通の人では買えません。資金力が豊富な人もわざわざ山谷にそこまで資金を投入しないはずなので、あとは三為業者を間に入れてオーバーローンで上手く融資付けしてもらうような売り方しか現実的ではなかったわけです。

こうした物件の特性を十分加味した分析が事前にできていれば、自ずと最適な依頼先を選定してキャピタルゲインを最大化できたはずです。ここでは2つの物件売却事例を紹介しましたが、これまで5件の物件売却をしていく中で、それぞれの物件で依頼すべき仲介会社は異なることが明確に

なりました。これらの経験を糧に、今後は個々の物件の特性に応じて、どんな人が最終買主になり得るのか、そのような買主を顧客にもつ会社はどこかを十分考慮した上で、最適な依頼先を選定していきたいと考えています。

4　最終ゴールに向けたロードマップを描こう！

私が考える不動産投資の最終ゴール（目指すべき姿）とは

ここまで見てきたとおり、不動産投資においては、インカムゲインとしてキャッシュフローを継続的に得ることは非常に重要なことです。しかし、だからと言って、キャッシュフローがサラリーマン年収を超えたらゴールかと言えば、そう短絡的にはいきません。キャッシュフローはその時点での瞬間最大風速に過ぎず、一生続くものではないからです。

残念ながら、不動産から得られるキャッシュフローは毎年必ず減少していきます。これを前提として、真に財務基盤を長期的に安定化させるにはどうしたらよいか、という観点で最終ゴールを考えなければならないのです。

1つの考え方としては、不動産を買い続けることで全体としてのキャッシュフローを維持する、ないしさらに増加させていくという考えもあると思います。しかし、老後に向けてこれまで以上に借金を増やし続けることは、私にとってはとても安心感に繋がるものではありません。

そのため、私は最終的には、東京23区内に新築マンションを無借金の状態で所有することを最終ゴールと考えています。もし、駒沢マンションと同程度の1・5億円規模の新築マンションを2棟、無借金の状態で持つことができたならば、それだけで、2000万円近くの税引前キャッシュフローを得ることができます。

3億円×8%×80%＝1920万円

私の場合、昼夜働き続けたサラリーマン時代でもこれだけの給料をもらうことはできませんでしたので、この状態が老後ずっと続くのであれば、経済的にはとても満足できる水準です。

もちろん、現金で「最強物件」を新築したとしても、その後キャッシュフローは毎年減少していく事実は変わりません。そのため、5年〜10年ほど保持して、市況を睨みながら売却していけば、投下資金を大きく上回る金額を回収することができるはずです。

その資金で再投資すれば半永久的に新築に近い状態を保持しながら、一定のキャッシュフローを得続けることが可能となるのです。

この段階では、土地仕入も建築もすべて現金で行うため、もはや金融機関の融資情勢や高齢化による貸し渋りなど全く気にする必要はなくなります。現金買いなら、良い土地を早期におさえることも、指値も通りやすくなるので、今まで以上に高い利回りを期待できるかもしれません。一度「最強物件企画投資法」のスキルさえ身に着けておけば、生涯安定的な財務基盤を築くことが可能となるのです。

最終ゴールに向けたロードマップを描く

では、どのような時間軸、手法で最終ゴールに辿り着くことができるか、私が描いたロードマップは以下のとおりです。

《第一ステージ》

第一ステージは、10年前不動産投資を始めてから3年前ぐらいの段階です。最初は札幌の新築建売から始まり、千葉の新築プラン付き、東京の新築企画で、3棟ほど保持し運営してきました。

当初は、十分な自己資金がなかったため、フルないしオーバーローンで買い進めていった結果、会計上も積算評価上も債務超過状態であったため、それぞれ5〜7年ほど保持した後、売却することで大きなキャピタルゲインを得ることができました。

《第二ステージ》

第二ステージでは、第一ステージで売却したキャピタルゲインをもとに、1〜2割程度の頭金を入れ、横浜に2棟の新築建売アパート、東京に2棟の新築企画マンションを取得しています。人気の高い首都圏エリアのため、相変わらず積算上は債務超過でしたが、キャピタルゲインによる余剰金で会計上は大幅な資産超過の状態をつくることができました。

また、第一ステージに比べて資産規模が1・5倍程度になったものの、残債はそれほど増大しなかったため、キャッシュフローを飛躍的に向上させることができました。さらに、地方から首都圏へ、築5年超の中古物件から再び新築へ、という形で、同時に資産の質の向上も実現しています。現在は、このうち、山谷物件を売却し、第三ステージへ向かおうとしている段階になります。

《第三ステージ》

次は、第二ステージで得たキャピタルゲインで土地を現金買いして、東京23区内に3棟の新築企画マンションを取得するのが目標です。土地の現金買いを前提に、駒沢レベルのマンションを3棟持つことができれば、図表7‐4①に示した程度の財務状況（借金3億円、税引前CF1800万円）を実現できるはずです。

このステージまでくるとかなり有利に新築企画を進めることが可能となります。4章でも述べましたが、融資を前提に土地を仕入れる場合、仲介業者と信頼関係を築き融資審査もできるだけ迅速に進めてもらわなければなりません。しかしいくら最善を尽くしたとしても現金買いが現れてしまったら、どうすることもできません。東京の人気エリアの土地には現金買いしてくる投資家が現れるケースも多いからです。しかし、このステージまで来れば、今度は自分が現金買いで買付順を追いこしたり、大きな指値を通したりすることさえできるようになるのです。

また、土地を現金買いしているので、銀行融資もじっくり建築プランを練った上で取り組めばよいため、かなり時間的な余裕が生まれます。そして何よりも、最強物件企画の最大の弱点であった積算割れも解消することができるはずです。土地を現金買いできれば、さすがに積算上でも資産超過となり、ある意味地主と同じ位置づけになるため、積算評価を重視する金融機関も含め、大部分の金融機関から融資を受けることが可能となるでしょう。

《第四ステージ》

最終ゴールとなる第四フェーズでは、土地のみならず建築費も含めすべてを現金で、最強物件を2棟保持することを目指します。

この状態での財務状況は、すでに前述したとおり、無借金で毎年約2000万円の税引前キャッシュフローを実現する水準に達します。

ここまでくると、もはや銀行融資さえ不要となるため、高齢化からくる融資期間の圧縮や現在のような融資引締めの影響など全く無縁のものとなります。あとは、生涯5年~10年ぐらいの周期で、利益確定と新築企画を繰り返していけば、常に良質な資産を保持しながら、強固な財務基盤を長期にわたり築くことができるようになると考えています。

以上は、あくまでも私の現時点での最終ゴールに向けたロードマップです。実際は、今後の状況変化次第では、必ずしもこの通りに進むとは限りませんが、こうした中期ロードマップを描いた上で、現在取り組むべきタスクを具現化しておくことは、目標達成への近道となるはずです。

〔図表 7-4 ①：最終ゴールに至るまでのロードマップ（例）〕

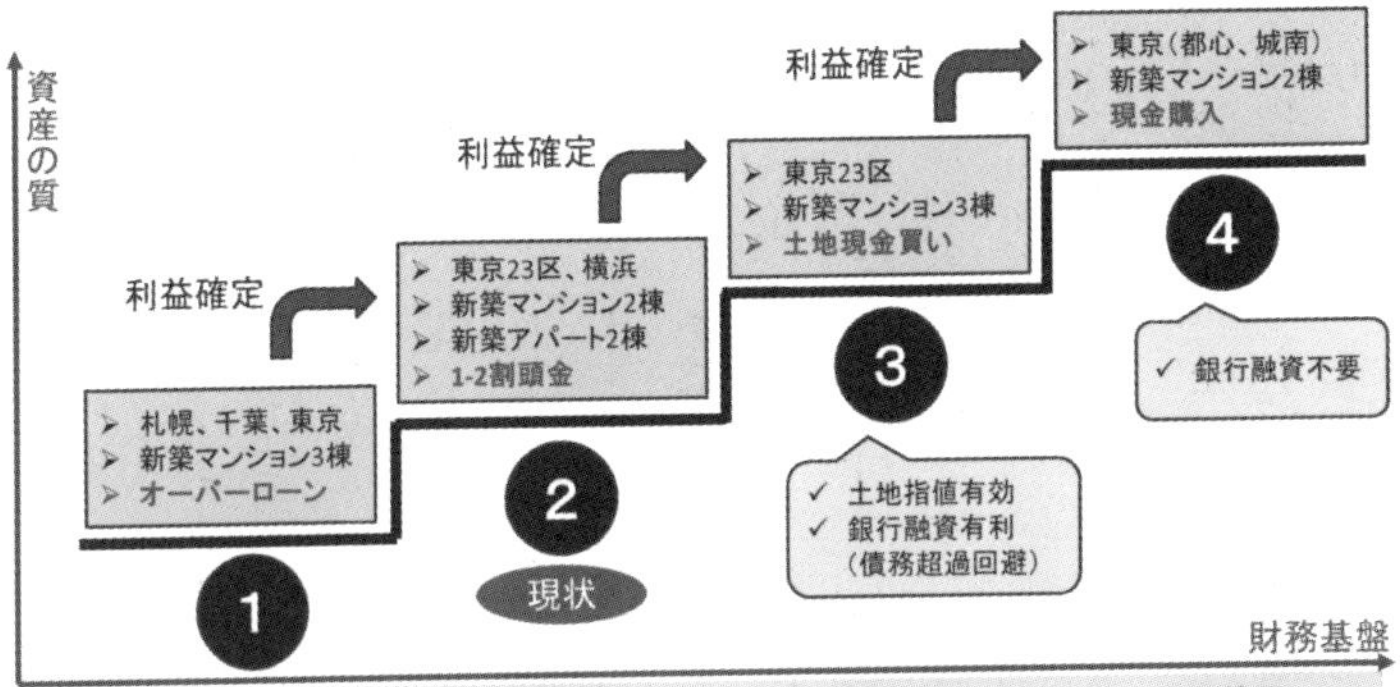

	1	2	3	4
投資規模	3.7億円	5.3億円	4.5億円	3.0億円
借入額	3.8億円	4.5億円	3.0億円	0円
税引前CF	900万円	1,400万円	1,800万円	2,000万円

是非、読者のみなさまも自分自身の現在の立ち位置を正確に捉えた上で、自分なりのロードマップを描いてみることをおすすめいたします。

その際は次のような記載手順に沿ってロードマップを考えてみるとよいでしょう。

ロードマップの記載手順

①自身の不動産投資についての現状分析を行う
②最終的にありたい姿（ゴール）を明確化する
③ゴールに向けた方向性（軸）を設定する
④現状とありたい姿との間のＧＡＰを整理する
⑤ＧＡＰを段階的に埋める施策を考える
⑥実現可能な優先すべき施策からステップを刻む
⑦各ステップでの数値目標を掲げる

こうして作成した自分自身のロードマップを見つめ返しながら日々の活動を行っていけば、あまり横道にそれることなく、ゴールに向けて邁進できるはずです。

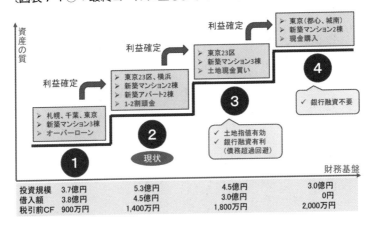

おわりに

◇不動産投資にはリスクがある。しかし、今何もしないことが最大のリスクだ！

誰もが不動産投資を行えば簡単に成功しバラ色の人生が待っている、など言うつもりは毛頭ありません。私も含め、今成功しているかのように思われている人の中にも今後の状況次第では、大きな痛手を被ってしまうリスクは常に孕んでいます。しかし、たとえそうしたリスクがあるとしても、今何もしないでいることは、それ以上に大きなリスクがあると認識すべきではないでしょうか？

今日では、よく人生１００年時代などと言われるようになりましたが、実際の日本人の平均寿命の延びをみると、あながち大げさな話ではないように思われます。平均寿命が延びること自体は喜ばしいことです。しかし、生活の保証のないまま単に長生きすることは、一方ではとても恐ろしいことのようにさえ感じます。今は安泰だとしても、60歳で定年をむかえた後、死ぬまで経済的に不安のない生活設計がすでに確立できていると言える人が一体どの程度いるのでしょうか？

もちろん、老後の生活の保証を得る手段はなにも不動産投資に限ったものではありません。しかし時間的にも体力的にも本当の意味で働くことが困難となった際にも、不動産賃貸業であれば生涯稼ぎ続けることができます。長期安定的な財務基盤を築く不動産投資スキームさえ確立できれば、不動産賃貸業は、まさに「生涯現役ビジネス」と成り得るのです。

平成30年7月

塩田　寿弘

読者限定特典

本書をご購入いただきたした読者の方全員に
以下の特典をプレゼントさせていただきます。

＜土地簡易評価シート＞

以下の５つの観点からスコアリングします。
①資産性
②賃貸競争力
③土地の割安感
④地盤の強さ
⑤建築のし易さ

候補物件を、駒沢物件および山谷物件とレーダーチャートを使って対比することにより、その特徴を把握することができます。

ご希望の方は、以下のURLにアクセスし、
ダウンロードしてください。

http://curly-imari-6540.blush.jp/

著者略歴

塩田　寿弘（しおだ　なかひろ）

1966年生まれ、横浜市出身、慶応義塾大学商学部卒業
東京都世田谷区在住
合同会社ＮＫオフィス　代表社員
外資系ITベンダ、及びコンサルティングファームにおいて、主に経営管理システムの構想／企画、管理会計業務の高度化に関するコンサルティング業務に20年超従事。
12年前、自宅を新築した際、定年後も続く重い長期の住宅ローンに不安を覚え、会社に頼らず生涯お金を稼ぎ続きられる仕組み作りとして、不動産投資を開始。当初は不動産投資に関する知識・経験が乏しかったため、地方の新築建売物件を中心に買い進めていったが、将来の家賃下落、空室率上昇、大規模修繕の発生という諸問題から長期保有を断念。売却による利益確定を繰り返しながら、試行錯誤の末、東京23区で利回り8%超の新築マンションを自ら企画する投資法（最強新築企画）を想起し、自ら実践。相場より3～4割も安く安全資産の取得に成功したことにより、資産の質の向上させつつ、同時に財務基盤の改善を達成したため、2016年より会社に頼らない生き方へシフト。現在は、不動産賃貸事業のほか、自身の新築企画の実践ノウハウを伝えるコミュニティ（最強新築企画プログラム）の運営、リラクゼーションサロン事業、コインランドリー事業等、複数事業による長期安定的な財務基盤の構築を目指し活動している。

◆ Mail：nk_office@r01.itscom.net
◆ Facebook：https://www.facebook.com/nakahiro.shioda

東京23区の新築マンションで利回り8%を超える！『最強物件企画』の進め方

2018年8月21日　初版発行　　2023年4月24日　第4刷発行

著　者　塩田　寿弘　© Nakahiro Shioda
発行人　森　忠順
発行所　株式会社 セルバ出版
〒113-0034
東京都文京区湯島1丁目12番6号 高関ビル5B
☎ 03（5812）1178　FAX 03（5812）1188
https://seluba.co.jp/
発　売　株式会社 創英社／三省堂書店
〒101-0051
東京都千代田区神田神保町1丁目1番地
☎ 03（3291）2295　FAX 03（3292）7687

印刷・製本　株式会社 丸井工文社

Printed in JAPAN
ISBN978-4-86367-446-2